AF453382

LA VIE

MILITAIRE, POLITIQUE

ET PRIVÉE

DE

Mlle D'EON,

CONNUE JUSQU'EN 1777 SOÙS LE NOM DE

CHEVALIER D'EON.

Composé par B. Bradel qui à gravé en grand le portrait de Mademoiselle d'Eon,
communiqué par elle à ce Seul Artiste.
A Paris chez l'Auteur rue S.t Jacques M.on de M. Desprez.

A.P.D.R.

LA VIE
MILITAIRE, POLITIQUE
ET PRIVÉE
DE DEMOISELLE
CHARLES-GENEVIÉVE-LOUISE-AUGUSTE-ANDRÉE-THIMOTHÉE
EON ou D'EON DE BEAUMONT,

Écuyer, Chevalier de l'Ordre Royal & Militaire de Saint-Louis, ancien Capitaine de Dragons & des Volontaires de l'armée, Aide-de-Camp des Maréchal & Comte de Broglie ; ci-devant Docteur en Droit Civil & en Droit Canon, Avocat au Parlement de Paris, Censeur Royal pour l'Histoire & les belles-Lettres ; envoyé en Russie d'abord secrètement, puis publiquement avec le Chevalier Douglas, pour la réunion de cette Cour avec celle de Versailles ; Secrétaire d'Ambassade du Marquis de l'Hôpital, Ambassadeur extraordinaire & Plénipotentiaire de France près Sa Majesté Impériale de toutes les Russies ; Secrétaire d'Ambassade du Duc de Nivernois, Ambassadeur extraordinaire & Plénipotentiaire de France en Angleterre pour la conclusion de la Paix ; Ministre résident près cette Cour après le départ du Duc de Nivernois ; enfin Ministre Plénipotentiaire de France à la même Cour, & connue jusqu'en 1777, sous le nom de Chevalier D'Eon.

Par M. DE LA FORTELLE.

O quam te memorem Virgo ! *Eneid. Lib.* 1.

A PARIS,

Chez
{
L AMBERT, Imprimeur-Libraire, rue de la Harpe ;
ONFROI, Libraire, Quai des Augustins ;
VALADE, Libraire, rue Saint-Jacques ;
ESPRIT, Libraire, au Palais-Royal ;

Et chez l'Auteur, rue du Four Saint-Germain, maison de Madame Prévôt, près la rue de l'Égout.

M. DCC. LXXIX.

AVERTISSEMENT.

CETTE Histoire a été consacrée dans un Ouvrage du même Auteur, qui vient de paroître sous ce titre : *FASTES MILITAIRES*, ou *Annales des Chevaliers des Ordres Royaux & Militaires de France, au service ou retirés, & des Gouverneurs, Lieutenans de Roi, & Majors des Provinces & des Places du Royaume*, contenant le temps de leurs services, leur grade actuel ou celui de leur retraite; la date de leur réception dans l'Ordre; le nombre des affaires de guerre où ils se sont trouvés; le nombre & la nature des blessures qu'ils y ont reçues, ainsi que les grâces qu'elles leur ont méritées de la part du Roi; des précis généalogiques & historiques; des notes, des anecdotes relatives aux grandes actions guerrières, civiles ou morales des Chevaliers, de leurs Ancêtres, ou d'autres Militaires; enfin tous les détails qui pourront consacrer légitimement leur gloire, ou y ajouter un nouvel éclat. Présentés au Roi & à la Famille Royale, par M. DE LA FORTELLE, Lieutenant de Roi de Saint-Pierre-le-Moutier.

Cet Ouvrage, en deux volumes grand *in*-12, se vend également à Paris chez les mêmes Libraires, & chez l'Auteur, 8 liv. broché, & 9 liv. 10 sols relié.

LA VIE

MILITAIRE, POLITIQUE ET PRIVÉE

DE

MADEMOISELLE D'EON.

LA CHÉVALIÈRE D'EON naquit à Tonnerre le 5 Octobre 1728, & fut baptisée, ainsi qu'on le verra dans sa Généalogie ci-après, dans la Paroisse de Notre-Dame, le 7 du même mois. Sa mère la voua ensuite à la Vierge. Des raisons que l'avenir dévoilera vraisemblablement, déterminèrent ses parens à lui donner l'habit de garçon après la première enfance. Nous n'avons à cet égard aucun éclaircissement, & nous ne voulons mêler aucune conjecture aux vérités qui forment le fonds de cette Histoire.

A 3

Bientôt on l'envoie à Paris recevoir, fous la direction d'une de fes parentes & d'un de fes oncles, l'éducation qui convenoit au fexe dont elle avoit pris l'extérieur.

Le Chevalier d'Eon, que nous n'appellerons plus Chevalière qu'à l'époque où elle aura pris les habits de fon fexe, commença & fuivit fes études au Collége Mazarin. Trop jeune encore pour fentir le prix des Langues favantes, le Chevalier d'Eon n'y prit d'abord aucun intérêt ; elles lui infpirèrent même du dégoût. Cependant il les étudioit, parce qu'on lui faifoit un devoir de cette étude. Il ouvrit infenfiblement les yeux fur les beautés de ces anciens idiômes : il apperçut comme dans le lointain les avantages qu'il en pourroit retirer : l'étude lui en devient agréable, & il y fait un progrès fi rapide, qu'il eft bientôt en état de paffer dans les Écoles de Droit. Il court cette nouvelle carrière avec la même rapidité & le même fuccès. Il a déjà franchi les premiers degrés qui conduifent au Doctorat ; il eft trop jeune encore pour y prétendre ; on obtient une difpenfe d'âge ; on le reçoit Doc-

teur en Droit Civil & en Droit Canon, &
enfin Avocat au Parlement de Paris.

Les parens qui dirigeoient fon éducation,
n'avoient pas un deffein déterminé de le
placer dans la Robe. Ils attendoient que
quelques fignes de fon penchant naturel les
avertiffent de l'état qui lui convenoit ; &
ils ne lui avoient fait un premier fonds de
connoiffances, qu'afin de le mettre en état
de fuivre avec diftinction la première voie
que les événemens lui ouvriroient aux honneurs & à la fortune.

Cependant fes premières études lui avoient
donné du goût pour la Littérature. Il la
cultive; il lit les grands Orateurs, les grands
Poëtes. Cette familiarité avec les Mufes le
met en verve. L'Éloge funèbre de la Du-
cheffe de Penthièvre de la Maifon d'Eft,
& celui du Comte d'Ons - en - Bray, furent
les premiers fruits de fon génie naiffant (1).

Bientôt il affocie l'étude de la Politique à
l'étude des belles-Lettres, & publie un Effai

____

(1) On trouve ces deux Éloges, qui font en vers Latins,
dans l'*Année Littéraire,* & dans d'autres Ouvrages périodiques
du temps.

A 4

hiftorique fur les différentes fituations de la France par rapport aux Finances , & deux volumes de Confidérations politiques fur l'adminiftration des Peuples anciens & modernes. Ces deux Ouvrages fuppofent bien des recherches, de grandes vues, &, ce qu'il y a de fingulier , une longue expérience. L'auteur étoit jeune ; mais il avoit beaucoup étudié, & beaucoup réfléchi : tous les genres étoient les fiens. Peu de temps après il fait un Mémoire inftructif fur la vie & les Ouvrages du célèbre Abbé Lenglet du Frefnoy. On imprima ce Mémoire en 1755 , dans la SIXIÈME LETTRE de l'*Année Littéraire* , & tous les Auteurs de *Dictionnaires Biographiques fur les Gens - de - Lettres* , l'ont depuis inféré dans l'article de ce favant Abbé.

A travers tant de difpofitions pour les Lettres & pour les Sciences, le Chevalier d'Eon laiffoit fouvent appercevoir fa paffion pour les armes. Il avoit appris des plus fameux Maîtres d'Efcrime à manier l'épée , &, dans fes loifirs, il paffoit de fon cabinet dans une falle d'Académie pour faire affaut avec les plus habiles. Sa force, fon adreffe

& la vivacité de fon jeu les déconcertèrent plus d'une fois, & il fe fit innocemment un nom parmi ceux qui s'occupent férieufement de cet Art meurtrier & néceffaire.

Le Chevalier exerçoit ainfi fa première jeuneffe, fouvent dans fon cabinet, quelquefois dans les Académies d'armes, lorfqu'en 1755 la néceffité de rétablir l'ancienne harmonie entre la Cour de France & la Cour de Ruffie, lui préfenta une occafion de fe fignaler dans la carrière de la Politique.

La célèbre indifcrétion du Marquis de la Chetardie, notre Ambaffadeur auprès de l'Impératrice Élizabeth, avoit brouillé les deux Cours, & cette méfintelligence fubfiftoit depuis quatorze ans. On avoit déjà fait des tentatives; l'état des affaires de l'Europe exigeoit qu'on en fît de nouvelles. Le Miniftère de France penchoit fenfiblement vers cette réconciliation, & c'étoit l'intention particulière de Louis XV. On avoit déjà jeté les yeux fur le Chevalier Douglas; il ne s'agiffoit plus que de lui affocier une perfonne adroite & intelligente, qui l'aidât dans une entreprife auffi délicate. La haine que le Comte de Beſtuchef-Rumin, Grand Chancelier de l'Empire Moſcovite, avoit pour la France, la rendoit même périlleuſe: il faiſoit ſervir à ce ſentiment particulier l'indignation de l'Impératrice. M. de Valcroiſſant, qui avoit été envoyé en Ruſſie ſeulement pour obſerver les diſpoſitions & les démarches de cette Cour à l'égard de la France, en avoit déjà été la victime: il gémiſſoit depuis plus d'un an dans la Forterſſe de Schuſſelbourg, ſur le lac Ladoga. Il n'y avoit que des intrigues ſagement concertées, qui puſſent garantir du même ſort les nouveaux Députés.

Le mérite du Chevalier d'Eon avoit déjà fait du bruit. Le feu Prince de Conti le propoſe au Roi, qui agrée la propoſition, & on donne au Chevalier l'ordre d'agir ſecrètement en Ruſſie, & de concert avec le Chevalier Douglas & le Comte Woronzow, Vice-Chancelier de l'Empire, qui étoit, par rapport à la France, dans des diſpoſitions oppoſées à celles du Grand-Chancelier.

Muni de ſes inſtructions, & confident d'un projet qui intéreſſoit perſonnellement le Prince de Conti, & fur lequel ce Prince même lui avoit donné des inftructions particulières dont nous ne croyons pas devoir rendre compte, il partit pour la Cour de Ruffie, & y arriva avec un caractère fecret. Il s'occupa d'abord des moyens de fe rendre agréable aux yeux d'Elizabeth, & de fe concilier la bienveillance du Vice-Chancelier, Miniftre favori de cette Impératrice. Ses foins lui réuffirent : il ménage fur-tout le caractère de la Czarine avec tant de fageffe, qu'il arrive infenfiblement à l'honneur de converfer avec elle, & de l'intéreffer à fes converfations : il en recevoit même quelquefois de riches préfens. Ces premiers fuccès le conduifent enfin à la confiance de cette Princeffe. Il la prépare alors aux impreffions qui convenoient aux intérêts de fa Cour, & les conférences qu'il eut fur les points de politique qu'il lui importoit d'accréditer, produifirent bientôt l'effet qu'il avoit en vue.

Pendant que le Chevalier d'Eon difpofoit l'efprit de la Czarine, le Chevalier Douglas ne négligeoit rien avec le Vice-Chancelier Woronzow, pour tirer parti de ces nouvelles

difpofitions. Ce concert des deux Négociateurs avançoit fenfiblement les affaires, &
elles étoient déjà en fi bon état, que le Chevalier Douglas crut devoir expédier le Chevalier d'Eon, pour inftruire la Cour de France
de ce qu'il y avoit de fait. Le Chevalier d'Eon
prend congé de l'Impératrice, qui, le voyant
partir à regret, lui propofe de s'attacher à
fon fervice, & lui offre des places également
honorables & lucratives. Le Chevalier, in-
violablement dévoué au fervice de la France,
réfifte aux attraits d'une grande fortune, &
perfuade l'Impératrice que la réunion dont
il lui a démontré les avantages, va le mettre
à portée de fervir la Cour de Ruffie, fans
ceffer de fervir la Cour de France. Cette
adreffe & cette fidélité fortifièrent encore
l'eftime qu'il avoit infpirée à la Czarine.

Il part; il arrive à Verfailles; il informe
le Prince de Conti des intérêts qui le regar-
doient particulièrement, & bientôt, fur le
compte qu'il rend au Roi de l'état des négociations relatives à la réunion des deux
Cours, on engage M. Rouillé, alors Miniftre des affaires étrangères, & qui ne favoit

rien de la miſſion particulière, à donner au Chevalier Douglas un Secrétaire capable de ſeconder les vues du Miniſtère : on le détermine indirectement à jeter les yeux ſur le Chevalier d'Eon, qui reçoit ſes inſtructions, & part de nouveau pour Saint-Pétersbourg.

Il fut préſenté, ſuivant l'intention de ſa Cour, au Vice - Chancelier : il devoit être chargé de toute ſa correſpondance étrangère ; mais des raiſons de politique déterminèrent ce Miniſtre à lui confier ſeulement la correſpondance ſecrète entre l'Impératrice & le Roi de France. Le Chevalier s'en acquitta pendant les cinq années de ſa réſidence en Ruſſie, & il en ſuivoit en même-temps une autre fort ſecrète avec Louis XV.

A cette époque, le Chevalier Douglas prit publiquement le caractère de Miniſtre Plénipotentiaire de la Cour de France. La ſageſſe des intrigues du Secrétaire d'Ambaſſade mettoit ce Miniſtre à portée de communiquer ſecrètement à l'Impératrice les détails qu'il étoit important de dérober à la connoiſſance du Grand - Chancelier Beſtuchef, qui penchoit auſſi fortement vers les intérêts du Roi de Pruſſe & de l'Angleterre, que le Vice-Chancelier Woronzow inclinoit vers ceux de la France.

Le Roi, l'Impératrice Élizabeth, le Prince de Conti, le Vice-Chancelier de Ruſſie, le Chevalier Douglas & M. Tercier, Secrétaire de confiance de Louis XV, & premier Commis des affaires étrangères, étoient ſeuls inſtruits du ſecret intime de ces négociations, où le Chevalier d'Eon jouoit le rôle le plus difficile. Il auroit pu en jouer un plus important, ſi, dans ce ſecond voyage, il eût voulu s'attacher à la Cour de Ruſſie : il le pouvoit alors, ſans manquer à l'attachement qu'il avoit voué à la France. La réſiſtance qu'il y apporta fut l'effet d'un autre ſentiment, & ce ſentiment délicat lui fit honneur dans l'eſprit même des perſonnes dont il contrarioit l'intention. Il reſte dans ſa place, & la députation n'eut pas moins un ſuccès auſſi heureux qu'on le ſouhaitoit : elle rétablit une parfaite harmonie entre les deux Cours. Celle de Ruſſie, qui avoit ordonné la marche de quatre-vingt mille hommes pour ſoutenir les intérêts du Roi de Pruſſe, les fit marcher contre cette Puissance en faveur des Cours de Vienne & de Versailles. L'Impératrice Élisabeth, qui ne pouvoit ignorer la part que le Chevalier avoit à ces succès, & qui étoit informée par Louis XV lui-même de la correspondance secrète qu'il entretenoit avec ce Monarque, le chargea d'en porter la nouvelle à la Cour de Vienne & à celle de Versailles. On lui remit en même-temps le plan de campagne que l'armée Russe se proposoit de suivre avec la France & l'Empire. Il part & passe par la Pologne, où il rencontre le Marquis de l'Hôpital qui alloit à Saint-Pétersbourg avec la qualité d'Ambassadeur. Il lui communique les lumières qu'il avoit acquises sur le pays, & ce Ministre n'a jamais fait difficulté de convenir qu'il en avoit reçu de très-importantes.

Le Chevalier d'Eon arrive à Vienne ; il présente à la Cour le premier plan de campagne que le Ministre de l'Impératrice de Russie lui avoit remis. Le Comte de Broglie, Ambassadeur de France auprès du Roi & de la République de Pologne, avoit eu ordre de se rendre, par *interim*, à Vienne, pour concerter les changemens convenables aux circonſtances dans le plan de campagne que le Maréchal d'Eſtrées y avoit d'abord arrêté, & que devoit ſuivre l'armée Françoiſe & Impériale. Cet Ambaſſadeur voulut également avoir un entretien avec le Chevalier d'Eon ſur la politique intérieure de la Ruſſie. Il eſt ſatisfait de la juſteſſe des idées que le jeune Négociateur lui en donne; & pour le lui témoigner, il le charge de porter à Verſailles la nouvelle & la relation du gain de la bataille de Prague du 6 Mai 1757, dont un Courier venoit d'informer la Cour de Vienne. Impatient d'annoncer deux grandes nouvelles, il part. La précipitation qu'il met dans ſon voyage lui devient funeſte: il ſe caſſe la jambe: on répare cette fracture le mieux qu'il eſt poſſible; on met un premier appareil: il continue ſa route; il précède de trente-ſix heures le Courier que le Comte de Kaunitz, principal Miniſtre de l'Impératrice-Reine, avoit dépêché au Comte de Staremberg, Ambaſſadeur de la Cour de Vienne à celle de France, & annonce la nouvelle de la réunion de cette dernière Cour avec la Ruſſie,

&

& le gain de la bataille de Prague. Il remet au Roi le Traité qui contenoit la réunion dont on vient de parler, & la promesse par laquelle l'Impératrice de Russie annulloit le Traité des subsides qu'elle avoit précédemment conclu avec l'Angleterre, & s'engageoit à faire marcher, en faveur des Cours de France & de Vienne, l'armée de quatre-vingt mille Russes qui étoit déjà assemblée en Livonie & en Curlande pour soutenir les intérêts de la Prusse & de l'Angleterre. Il étoit encore chargé des ratifications de l'accession de l'Impératrice Elisabeth au Traité de Versailles du premier Mai 1756, & d'une Lettre de cette Princesse, qui contenoit les témoignages les plus flatteurs sur la part que le Chevalier avoit eue lui-même à tant d'heureux changemens.

Le Roi lui marque la satisfaction qu'il avoit de son zèle. Le Maréchal de Belleisle, Ministre de la guerre, & l'Abbé Comte de Bernis, Ministre des affaires étrangères, lui demandèrent, & en reçurent des Mémoires instructifs sur la Russie. Ces Mémoires, que le Chevalier voulut rédiger, malgré les douleurs que lui caufoient encore les fuites de fa chûte, préfentoient un tableau frappant de l'état actuel de la Ruffie, & en laiffoient appercevoir l'état futur comme dans le lointain. Cette étendue de connoiffances dans une fi jeune perfonne étonna les Miniftres, & éclaira les Bureaux fur divers objets qu'il leur importoit de connoître.

Ce fut dans ces Mémoires, rédigés en 1757, que long-temps avant l'événement, il prédit que l'intention fecrète de la Cour de Ruffie étoit, à la mort du Roi Augufte III, de garnir la Pologne de fes troupes, afin d'en mettre la couronne fur la tête d'une de fes créatures, & de fe ménager par là les moyens de s'emparer d'une partie des Palatinats. Il obfervoit que cette intention de la Cour de Ruffie n'étoit pas récente ; que l'invafion d'une partie de la Pologne avoit été le projet favori de Pierre-le-Grand, qui fouhaitoit ardemment de rapprocher fes frontières de l'Allemagne, pour être à portée d'y jouer un rôle. Ces vues d'un jeune homme ne firent pas alors un grand effet. Le Marquis de l'Hôpital & le Comte de Broglie, auxquels il en avoit fait part quelque temps auparavant, parurent y faire plus d'attention ; l'événement a juſtifié ces hardies & ſaines conjectures.

Une découverte plus importante , parce qu'elle tenoit de plus près au temps, fit beaucoup plus de ſenſation ; & malgré les nouvelles diſpoſitions de la Cour de Ruſſie, elle donna de l'inquiétude à notre Miniſtère , & alarma celui de Vienne : le Chevalier d'Eon découvrit la correſpondance ſecrète que le Grand-Duc de Ruſſie , héritier préſomptif de cet Empire, & le Grand-Chancelier, entretenoient avec le Roi de Pruſſe, le Maréchal Apraxin & le Général Totleben, deux Généraux de l'Impératrice Eliſabeth , pour retenir l'armée Ruſſe dans l'inaction , & priver ainſi les Cours nouvellement alliées , de l'effet des Traités que le Chevalier Douglas & lui avoient ſi heureuſement ménagés.

Seul inſtruit de ces ſourdes manœuvres , il parut ſeul propre à en détourner l'effet.

Cette opinion qu'on eut de ſon mérite favoriſoit l'intention ſecrète du Roi, qui ſouhaitoit que le Chevalier retournât à Saint-

Pétersbourg, afin qu'il continuât à l'informer de ce qui s'y paſſoit : elle étoit également favorable aux intérêts particuliers du Prince de Conti, qui avoit des vues que la Cour de Ruſſie pouvoit favoriſer.

Le Miniſtre ignoroit encore ces miſſions ſecrètes ; il ne voyoit dans les affaires que la face qui intéreſſoit ſon département ; il ſe détermina à renvoyer le Chevalier d'Eon à Saint-Pétersbourg. La nouvelle de cette détermination parvint au Grand - Chancelier Beſtuchef, qui redoutoit l'ardeur & la ſagacité du jeune Négociateur, dont ſa politique venoit tout récemment d'être la dupe. Il fit les plus grands efforts auprès du Marquis de l'Hôpital, qui étoit encore Ambaſſadeur à Pétersbourg, pour l'engager à détourner le Miniſtre du choix qu'il avoit fait. Il lui repréſenta le Chevalier comme un ſujet dangereux, *dont on ne ceſſeroit de ſe méfier, parce qu'on le connoiſſoit capable de renverſer l'Empire Moſcovite.* Ce diſcours mal - adroit produiſit un effet contraire aux vues de Beſtuchef ; l'Ambaſſadeur de France écrivit au Miniſtre en faveur du Chevalier d'Eon, & la Cour elle-même sentit la nécessité d'opposer au parti secret que le Roi de Prusse avoit encore à la Cour de Russie, un sujet que ce parti même redoutoit. Il fut nommé Secrétaire de l'Ambassade de Russie ; on doubla les Honoraires de cette place, & le Roi lui fit remettre, par les mains du Maréchal de Belleisle, son portrait dans une riche tabatière d'or, qui contenoit en même-temps une ordonnance de gratification sur le Trésor-Royal, avec un Brevet de Lieutenant de Dragons dans le Colonel-Général. On lui donne une copie des instructions que le Maréchal de Belleisle, le Cardinal de Bernis & le Prince de Kaunitz envoyoient au Marquis de l'Hôpital, Ambassadeur de France, & au Comte d'Esterhazy, Ambassadeur de l'Impératrice-Reine à Pétersbourg, pour concerter unanimement avec le Vice-Chancelier Woronzow, les moyens d'informer l'Impératrice Elisabeth des manœuvres que son premier Ministre employoit, afin de détourner l'effet de ses bonnes intentions en faveur des Cours alliées.

On conçoit aisément quelle prudence & quelle adresse exigent de semblables opéra-

tions. Tout réussit au gré des Cours de
France & de Vienne. Le Grand-Chancelier
fut arrêté dans le Palais Impérial, & dans
le Conseil même où il présidoit. On vit ses
papiers : on trouva dans son secrétaire particulier toute sa correspondance secrète, &
un plan qui avoit pour objet de se défaire
de toutes les personnes qui lui étoient sus-
pectes. Les Chevaliers Douglas & d'Eon,
ainsi qu'un Négociant François nommé Michel, étoient compris dans la proscription.
Après cette première expédition, on s'assura
du Maréchal Apraxin, quoiqu'il fut à la tête
d'une armée. Le Général Totleben, voué à
la même faction, subit le même sort. Les
troupes Russes eurent d'autres Chefs, sous
les ordres desquels prenant de l'activité, elles
gagnèrent plusieurs batailles contre le Roi de
Prusse. Le Chevalier d'Eon, qui étoit la
cause primitive de cette subite révolution,
resta en Russie jusqu'en 1759, faisant d'une
part les fonctions de Secrétaire d'Ambassade, & de l'autre partageant avec le Comte
Woronzow, qui prit la place du Grand-
Chancelier Bestuchef, la correspondance

directe & fecrète entre l'Impératrice & le
Roi.

Louis XV, toujours plus fatisfait de fes
fervices, lui envoya, pendant fon féjour en
Ruffie, une penfion de deux cents ducats,
qui devoit lui être payée par le Comte de
Broglie, & un Brevet de Capitaine de Dragons dans le même Régiment où on lui en
avoit d'abord donné un de Lieutenant. L'Impératrice de Ruffie, qui n'en faifoit pas moins
de cas que la Cour de France, mit de nouveau tout en œuvre pour l'attacher à fon
fervice : l'éclat des offres qu'elle lui fit ne
l'éblouit point.

Vers cette époque, fes travaux, les fati-
gues de la correfpondance du Comte Woronzow & de la fienne propre, les foins
particuliers de fa place l'échauffèrent, le mirent en danger de perdre la vue, & lui cau-
sèrent une maladie fcorbutique, qui donna
des inquiétudes pour fes jours. M. Poiffon-
nier, qui étoit alors Médecin de l'Impératrice de Ruffie, & en même temps Médecin
du Roi de France, jugea qu'il n'y avoit rien
à en efpérer, s'il ne retournoit promptement

dans fa patrie. Le Marquis de l'Hôpital informé de cette ordonnance du Médecin, en
écrivit promptement à fa Cour, & fit fentir
la néceffité de rappeler le Chevalier d'Eon.
On le rappelle en effet, & il fe détermine à
partir.

L'Impératrice Elifabeth, qu'une indifpofi-
tion retenoit à Pétershoff, maifon Impériale fituée à dix lieues de Pétersbourg, fut
informée de ce départ : elle ordonna au
Comte de Woronzow de mander au Marquis de l'Hôpital qu'elle s'attendoit à le voir
le lendemain avec le Chevalier d'Eon, à qui
elle vouloit donner une nouvelle marque de
fa bienveillance. L'Ambaffadeur fe rendit à
Pétershoff avec le Chevalier, que cette Princeffe accueillit avec toutes les marques d'une
grande confidération, & à qui elle fit pro-
mettre de ne rien négliger pour revenir en
Ruffie, auffi-tôt que fa fanté le lui permet-
troit. Le Chevalier prit enfuite congé du
Grand-Chancelier Woronzow, & cette en-
trevue donna lieu à une réflexion de ce Miniftre, qui mérite d'être rapportée : elle fait
preuve du défintéreffement avec lequel, con-

tre l'opinion de certains politiques, la Ruffie a traité avec la France. Le Chevalier prenoit congé du Comte Woronzow : « Je fuis fâché », lui dit ce Miniftre, en rappelant les effets de l'alliance entre les Cours de Vienne & de Verfailles, « je fuis fâché de vous voir » partir, quoique votre premier voyage ici » avec le Chevalier Douglas ait coûté à ma » Souveraine plus de deux cents mille hom- » mes & de quinze millions de roubles. » — J'en conviens », répondit le Chevalier ; » mais votre Excellence doit auffi avouer » que fa Souveraine & votre Excellence elle- » même, ont acquis une réputation & une » gloire qui dureront autant que le monde ». Cette réflexion de deux Miniftres inftruits, qui fe rappellent, dans l'intérieur du Cabinet, & au moment de fe féparer, l'origine & la fuite d'un grand événement, réduit à rien toutes les conjectures des politiques qui ont fupçonné que la Cour de Ruffie ne s'étoit pas prêtée gratuitement à l'alliance qu'elle avoit contractée avec nous.

Le Chevalier partit, & fut chargé de porter à Verfailles la ratification de l'Impératrice au nouveau Traité du 30 Décembre 1758, & à la convention maritime faite avec la Ruffie & les Couronnes de Suède & de Danemarck.

Il arrive à Vienne. Sa maladie avoit fait des progrès en route : il eft forcé de faire un féjour dans cette Capitale. Le Duc de Praflin y étoit alors Ambaffadeur de France : il lui donne un logement dans fon hôtel, & profite de cette occafion pour s'éclairer fur les affaires de Ruffie. Le Chevalier à peine rétabli, continue fon voyage, & arrive à Verfailles, où le Marquis de l'Hôpital, le Baron de Breteuil, le Marquis de Paulmy & le Duc de Praflin, avoient rendu fur fon compte des témoignages que le fuccès de fes diverfes miffions accréditoit encore. Le Duc de Choifeul lui fit l'accueil le plus gracieux & les promeffes les plus flatteufes. Peu de temps après, c'eft-à-dire, en 1760, ce Miniftre lui adreffa, à Paris, le Brevet d'une penfion de 2000 livres fur le Tréfor-Royal.

Le Chevalier d'Eon, qui venoit de fe diftinguer dans la carrière de la politique, voulut acquérir de la gloire dans celle des armes.

Il se rendit à son Régiment ; mais le Maréchal de Broglie, qui vouloit le placer dans celui de son neveu, obtint des Lettres du Roi, au moyen desquelles il passa des Dragons du Colonel-Général dans ceux d'Antichamp. Il servit alors en qualité de Capitaine, & en qualité d'Aide-de-Camp du Maréchal & du Comte de Broglie. Il acquit une nouvelle gloire dans cette nouvelle carrière. On lui confie à Hoxter l'évacuation des poudres & autres effets du Roi dans cette place : il en charge des bateaux qui étoient sur le bord du Weser ; il passe ce fleuve à diverses reprises sous le feu de l'ennemi, & sauve tous les effets.

Peu de temps après, il se trouve à la reconnoissance & au combat d'Ultrop, près de Soëst : il y est blessé à la tête & à une cuisse.

Le 7 Novembre 1761, près du Village de Meinsloff, dans la gorge des montagnes du camp d'Himbeck, à la tête des Grenadiers de Champagne & des Suisses, il attaque les Montagnards Ecossois, qu'il met en fuite, & qu'il poursuit jusqu'au camp des Anglois.

A Osterwich, second Capitaine d'une troupe de quatre-vingt Dragons des Régimens d'Autichamp & de la Féronnays, détachée aux Volontaires de Saint-Victor, & de vingt Hussards, le Chevalier d'Eon, en l'absence du premier Capitaine que le bien du service avoit appelé ailleurs, charge avec tant d'intrépidité & d'intelligence le Bataillon franc Prussien de Rhées, qui coupoit la communication de l'armée Françoise à Wolfembutel, que cette troupe, composée de six à sept cents hommes, met bas les armes, & se rend prisonnière. La liberté des passages & la prise de Wolfembutel par le Prince Xavier de Saxe, furent les suites de cette action extraordinaire.

Tous ces exploits sont constatés par le certificat que lui en ont donné le Maréchal & le Comte de Broglie.

Les Préliminaires de la paix vinrent l'arrêter, au mois de Septembre 1762, à l'entrée de sa carrière militaire : il rentra dans celle de la politique. La Cour le destine à remplacer le Baron de Breteuil en qualité de Ministre Plénipotentiaire de France à Saint-

Pétersbourg. Des événemens imprévus em-
pêchent l'effet de cette deſtination : Pierre III
eſt détrôné : il meurt. La face des affaires de
Ruſſie a changé. La France ne juge pas devoir y laiſſer ſon parti ſans Chef ; & comme
le Baron de Breteuil, qui revenoit en France,
n'étoit encore qu'à Warſovie, on lui envoya
ordre de retourner promptement à Saint-
Pétersbourg, & on ordonna au Chevalier
d'Eon de reſter à la ſuite de la Cour, afin
d'être à portée de répondre aux vues du Miniſtère.

Sur ces entrefaites, le Duc de Nivernois
part pour Londres avec la qualité d'Ambaſſadeur Extraordinaire & Plénipotentiaire
pour négocier la paix entre l'Angleterre &
la France. On lui donne le Chevalier pour
Secrétaire d'Ambaſſade : on eſtime qu'un
politique qui, dès ſa jeuneſſe, & dans le
cours d'une négociation ni moins difficile,
ni moins importante, avoit ſi heureuſement
contribué à la réunion des Cours de Ruſſie
& de France, étoit digne de ſeconder les négociations du Duc de Nivernois.

Pendant le cours des conférences ſur ce

grand objet, & dans un temps où elles étoient
dans leur plus forte crise à Londres & à Versailles, il rendit un service très-important à
cette dernière Cour. M. Wode, Sous-Secré-
taire d'Etat, vint conférer avec le Duc de
Nivernois sur quelques points qui s'y rap-
portoient. Il avoit sur lui *l'ultimatum*, les dernières instructions de la paix, & la dépêche
que le Lord Egremont, Secrétaire d'Etat,
l'avoit chargé d'envoyer au Duc de Bedfort,
Ambassadeur d'Angleterre, qui traitoit de la
paix à la Cour de France. Le Chevalier sentit de quelle importance il étoit pour cette
Cour d'être instruite du contenu de ces diverses pièces. Il eut l'adresse de s'en saisir; &
pendant que M. Wode étoit à table avec
l'Ambassadeur, il en fit prendre une copie
exacte, qui, dès le soir même, fut dépêchée
à Versailles, avec des Lettres particulières
du Duc de Nivernois au Roi, aux Ducs de
Choiseul & de Praslin, dans lesquelles il
parloit du coup d'adresse (1) de son Secré-

____

(1) Cette anecdote est tirée des Journaux & autres papiers publics imprimés à Londres en 1770, lors de la grande

taire d'Ambaffade. Le Courier du Duc de Nivernois arrive à Paris un jour avant celui d'Angleterre. Ainfi, les Miniftres fe trouvoient préparés fur les points de difficultés dont le Duc de Bedfort devoit embarraffer la négociation : ils les applanirent aifément, & les Préliminaires furent fignés le furlendemain. Ce nouveau fervice que le Chevalier rendit au Gouvernement, rappela tous ceux qu'il avoit déjà rendus, & lui valut de nouveaux éloges & de nouvelles grâces. Bientôt le Traité fut entièrement confommé ; on l'envoie à Londres, où il eft ratifié par le Roi d'Angleterre.

Le Chevalier, en mettant tout en ufage pour mériter l'eftime de la Cour de France, ne négligeoit rien pour fe rendre agréable à celle d'Angleterre, & aux Ambaffadeurs qui s'y trouvoient : le Lord Butte, Favori de Sa Majefté Britannique, le Comte de Viri, avoient pour lui de l'amitié ; le Duc de Ni-

---

querelle du Docteur Mufgrave, & du parti de l'oppofition, contre les Miniftres d'Angleterre qui avoient travaillé à la paix.

vernois faifoit cas de fon mérite. De tels fuffrages lui firent honneur dans l'efprit même du Roi d'Angleterre, & ce Monarque le jugea digne d'une diftinction particulière : au mois de Février 1763 , il le choifit, contre l'ufage ordinaire , pour porter à la Cour de France & au Duc de Bedfort , la ratification du Traité définitif de la paix. Il part de Londres ; il arrive à Verfailles ; il eft accueilli favorablement du Miniftère ; il remet la ratification dont il eft chargé : on lui donne la Croix de Saint - Louis , & une gratification. Il demande à être reçu Chevalier de cet Ordre à Londres par le Duc de Nivernois : on lui accorde fa demande. Louis XV voulut encore marquer d'une faveur particulière la première de ces grâces. Le Chevalier la reçut avant que le temps de fes fervices militaires lui euffent acquis un titre pour la folliciter. La bravoure qu'il avoit montrée dans les combats , l'intelligence qu'il avoit mife dans les diverfes négociations dont il avoit été chargé , parurent dignes de cet honneur ; & les Lettres que le Roi & fon Miniftre le Duc de Choifeul firent expédier à cette occafion

au

au Duc de Nivernois & au Chevalier lui-même, parlent, comme on le verra à la suite de cette histoire, de ses services politiques & militaires, dans les termes les plus honorables.

Cette opinion que la Cour de France avoit du Chevalier d'Eon, étoit si solidement établie, qu'au mois d'Avril elle le nomma Ministre résident près le Roi de la Grande-Bretagne, lorsque le Duc de Nivernois revint en France.

Il continua sa correspondance secrète avec Louis XV, & sa correspondance ordinaire avec les Ministres qui, sentant l'utilité de sa résidence à Londres, & la nécessité de lui donner un plus grand caractère, lui envoyèrent, de leur propre mouvement, de nouvelles Lettres de créance, qui lui conféroient le titre de Ministre Plénipotentiaire. Le Chevalier soutint ce nouveau caractère avec la dignité & l'intelligence qui convenoient à la grandeur ou aux intérêts du Prince qu'il représentoit : sa conduite publique & particulière lui méritèrent l'estime des deux Cours.

Cette longue prospérité éprouva enfin le

C

fort des choſes humaines. Des circonſtances imprévues en arrêtèrent le cours. Nous n'en parlerons point : l'Europe en eſt inſtruite, & le Chevalier d'Eon les a oubliées. Il n'y perdit que ſes titres & ſa fortune ; il conſerva la confiance de ſon Prince, & cet événement n'en interrompit point la correſpondance. Il conſerva encore celle du Comte de Broglie, du feu Prince de Conti, & de pluſieurs autres Grands du Royaume.

Ces correſpondances, qui pourroient former un recueil précieux & conſidérable, ſe ſoutenoient depuis plus de vingt ans ; elles n'ont fini, & le ſecret n'en a tranſpiré qu'à la mort du Monarque qu'elles intéreſſoient. De telles liaiſons le conſoloient à Londres de ſes diſgraces ; & quoiqu'il ne menât plus dans cette Capitale qu'une vie privée, il veilloit aſſidument à la gloire & aux intérêts de la France. Il ſe préſenta une grande occaſion de ſignaler ce zèle patriotique.

En 1764, l'oppoſition dans les deux Chambres du Parlement de Londres contrarioit plus violemment que jamais la Cour de St-James & les Négociateurs de la dernière paix.

Plusieurs Chefs du premier parti, qui avoient intérêt de savoir tout ce qui s'étoit passé de plus secret à cette occasion, proposèrent au Chevalier d'Eon jusqu'à quarante mille liv. sterling, pour les instruire de certaines particularités, & leur confier plusieurs papiers relatifs à la paix : il garda ses secrets.

C'est ainsi qu'isolé, & pour ainsi dire proscrit, le Chevalier d'Eon passa quatorze ans à Londres. Le Lecteur sera peut-être bien aise d'avoir des détails sur la vie privée qu'il y mena : tout intéresse dans l'histoire d'une Femme aussi extraordinaire.

Ses correspondances lui laissoient des loisirs pendant lesquels il écrivoit sur toute sorte de matières. Cette multiplicité de connoissances étoit le fruit d'une étude opiniâtre, & son ardeur pour les exercices de l'esprit croissoit avec le fonds même de ses connoissances. Tous les hivers il demeuroit enfermé dans sa bibliothèque; il y travailloit quinze heures par jour, & ne recevoit personne dans le cours de la semaine; on ne pouvoit le voir que les Dimanches depuis dix heures du matin jusqu'à deux heures après - midi ; il faifoit alors un repas frugal , & c'étoit le feul qu'il fît pendant vingt-quatre heures : il rentroit enfuite dans fa bibliothèque ; il fe couchoit fort tard, & fouvent même fe levoit pour écrire les penfées qui l'éveilloient. Tel étoit fon régime littéraire & alimentaire pendant l'hiver : il paffoit le refte de l'année dans la Terre de fon illuftre ami le Lord Comte Ferrers , Pair & Amiral d'Angleterre. Là, fon temps étoit partagé entre l'étude , la chaffe & l'équitation.

Cependant Louis XV , qui étoit parfaitement inftruit de la conduite & des difgrâces du Chevalier d'Eon , & qui lui favoit gré des noùvelles preuves qu'il donnoit de la conftance de fon attachement aux intérêts de la France, chargea le Miniftre qu'il envoyoit à Londres de lui remettre le Brevet d'une penfion de douze mille livres fur fa caffette, & de lui donner l'affurance d'une meilleure fortune dans un temps plus opportun , pour le confoler d'avoir été fi long-temps la victime trop infortunée de fon fecret.

Cette pièce déclare nettement les difpofi-

tions du Roi à l'égard du Chevalier d'Eon ;
& le Miniftre fecret de la confiance de
Louis XV, lui écrivoit alors que c'étoit un
monument d'innocence & de gloire auffi
précieux pour lui que pour fa famille. Nous
la rapporterons ici toute entière, ainfi que le
certificat du Miniftre qui la lui remit.

« En récompenfe des fervices que le Sieur
» d'Eon m'a rendus, tant en Ruffie que dans
» mes Armées, & d'autres commiffions que
» je lui ai données, je veux bien lui affurer un
» traitement annuel de douze mille liv., que
» je lui ferai payer exactement tous les fix
» mois, dans quelque pays qu'il foit, hormis
» en temps de guerre chez mes ennemis, & ce
» jufqu'à ce que je juge à-propos de lui don-
» ner quelque pofte dont les appointemens
» feroient plus confidérables que le préfent
» traitement. A Verfailles, le premier Avril
» 1766. (*Signé*) LOUIS.

» Je fouffigné, Miniftre Plénipotentiaire
» du Roi en cette Cour, certifie, fur mon
» honneur & mon ferment, que la promeffe
» ci-deffus eft véritablement écrite & fignée
» de la propre main du Roi mon Maître, &

» qu'il m'a donné l'ordre de la remettre à
» M. d'Eon, ci-devant son Ministre Pléni-
» potentiaire près Sa Majesté Britannique.
» A Londres, ce onze Juillet 1766.

» (*Signé*) DURAND ».

Cette nouvelle marque de bienveillance de la part de Louis XV, acheva de tranquilliser le Chevalier d'Eon sur le jugement que ce Monarque avoit porté de sa conduite. On imagine aisément quelle reconnoissance devoit inspirer à un cœur sensible & à un sujet fidèle un témoignage aussi honorable. Il s'en rendit toujours plus digne : son zèle ne se borna point aux intérêts directs d'un si bon Maître ; il s'étendit jusques sur les Alliés de la France : il avoit acquis, à force de soins & de frais, des lumières qui les intéressoient ; il les leur communiqua en 1766 ; & les lettres qu'en leur nom lui écrivit un de leurs Ambassadeurs, lui apprirent qu'ils en avoient senti l'importance. Le Chevalier, charmé d'avoir servi les Alliés de son Prince, se crut bien dédommagé de ses frais & récompensé de ses soins.

Ainsi sa nouvelle fortune étoit encore utile

aux intérêts de la France ; & la faveur de son Maître, l'amitié du Lord Ferrers, l'estime générale de la Nation Angloise, en augmentoient encore les douceurs. L'amour des Lettres contribuoit aussi à son bonheur, & il faisoit preuve de ses talens à cet égard, surtout lorsque des événemens malheureux excitoient sa sensibilité.

En 1767, le Marquis de Tavistock, fils unique du Duc de Bedfort, Ambassadeur d'Angleterre en France pendant les conférences de la dernière paix, eut le malheur d'être tué à la chasse. Le Chevalier qui le connoissoit particulièrement, fut affligé d'une mort si funeste, & voulut rendre un hommage public au mérite de ce jeune Seigneur : il en composa l'éloge funèbre en vers lapidaires, & cette pièce fut si agréable à la famille & à toute la Nation, qu'elle fut gravée sur le monument du Marquis de Tavistock, & consacrée dans tous les Journaux & dans tous les papiers publics des trois Royaumes.

En 1769 & 1770, il eut une nouvelle occasion de signaler son zèle pour les intérêts de la France. Le Docteur Musgrave, dont on a déjà parlé, homme d'une famille distinguée, & jouissant lui-même d'une grande réputation, profita habilement de la circonstance où il s'agissoit de l'élection d'un nouveau Parlement.

Il fit imprimer une remontrance insidieuse relative à la paix. Elle étoit adressée aux Electeurs, qui croyoient déjà assez généralement que la Cour de France avoit distribué de grosses sommes d'argent à la Princesse de Galles, au Lord Butte, au Duc de Bedfort, aux Lords Hallifax & Egremont, Secrétaires d'Etat, & au feu Comte de Viri, pour parvenir à la conclusion de la paix. La remontrance du Docteur tendoit à fortifier, à établir & à répandre cette opinion, & il ne craignit point d'impliquer gratuitement le Chevalier d'Eon dans l'affaire qu'il s'efforçoit de susciter aux Pacificateurs.

Elle produisit l'effet qu'il s'en étoit promis: elle indisposa tous les esprits en Angleterre contre ceux qui avoient travaillé au grand ouvrage de la paix. La haine qu'elle réveilla contre la Cour de Saint-James, alla si loin,

que , pour en arrêter les effets , le Parlement
de 1770 fe vit forcé d'en prendre une connoiſſance particulière. Jaloux de venger la
gloire des Miniſtres des deux Nations & la
ſienne propre, le Chevalier d'Eon ne ſe con-
tenta pas de combattre par écrit les menſon-
ges avancés par le Docteur Muſgrave , &
par une foule d'Ecrivains , qui ſoutenoient
avec beaucoup de chaleur la remontrance
ſcandaleuſe du Docteur ; il contribua encore , par ſon témoignage juridique , à le
faire chaſſer de la Chambre des Communes,
après que l'Orateur l'eut ſévèrement répri-
mandé comme perturbateur du repos public,
& comme un *Docteur en démence* , qui avoit
tourné la tête à ſes compatriotes.

Cette conduite , & le zèle qu'il mit dans
cette défenſe , obtinrent l'approbation du
Roi & de la Cour d'Angleterre, ainſi que du
Roi & de la Cour de France , & du Public
éclairé & impartial.

Un mérite & une probité ſi connus ,
avoient plus d'une fois déterminé la première de ces deux Cours à propoſer au Chevalier les mêmes grades militaires & politi-

ques que ceux qu'il avoit en France, s'il vouloit prendre des Lettres de naturalité ; mais constamment attaché à son Souverain & à sa patrie, il répondit toujours avec fermeté qu'il ne vouloit point servir d'autre Maître ni d'autre Nation.

Tant de marques de zèle & de fidélité disposoient toujours davantage Louis XV à rappeler son Ministre secret, & à réaliser l'espérance qu'il lui avoit donnée d'un meilleur sort. Il vit même avec satisfaction les divers projets qu'on lui présenta en 1770 & 1772 pour remplir le premier objet ; mais les tempéramens qu'on lui proposoit pour concilier les dispositions des personnes qui l'en tenoient écarté, avec la délicatesse du Chevalier, étoient encore insuffisans. On ne lui offroit que de la fortune ; on ne parloit point de reconnoître publiquement son innocence : il vouloit reparoître irréprochable aux yeux du Public, comme il l'étoit aux siens propres ; & voilà tout le secret de la résistance qu'il a apportée aux diverses propositions qu'on lui a faites à différentes époques.

Ce n'étoit point l'opiniâtreté , c'étoit l'honneur qui réfiftoit. Louis XV ne l'ignoroit pas ; auffi continuoit il de l'honorer de fa confiance & de fes bontés ; & il n'eft pas douteux que ce Monarque lui en auroit à la fin donné des marques publiques ; mais il n'eut pas le temps de porter plus loin les récompenfes que méritoient les fervices du Chevalier : ce généreux Prince mourut peu de temps après.

Son augufte petit - fils monta fur le Trône : il trouva dans les papiers de fon aïeul l'ancienne correfpondance du Monarque avec le Chevalier d'Eon , & cette correfpondance lui apprit le fecret qui regardoit fon fexe. Louis XVI y vit également les fervices fecrets & publics que ce Négociateur d'un nouveau genre avoit rendus à l'Etat. Il jugea qu'une femme décorée d'honneurs militaires , & qui ne s'étoit pas moins diftinguée dans les armes que dans la politique, étoit déplacée chez l'étranger. Les Comtes de Maurepas & de Vergennes fongèrent à la rappeler , & fon fexe même devenoit un moyen de conciliation dont on fit ufage :

il y eut deux négociations fur cet objet.

Le Marquis de Prunevaux, Officier de diftinction, fut chargé de la première. Il paffe
à Londres ; il lui donne l'affurance d'une
penfion de quinze mille livres ; il lui offre
un fauf-conduit figné de Louis XVI ; il lui
annonce l'honneur ineftimable d'un entretien particulier avec le nouveau Monarque,
& lui promet l'entière liberté de revenir à
Londres, s'il n'en eft pas pleinement fatisfait.
Le Chevalier eft prêt à partir ; il n'attend plus
qu'un mot : il demande, ainfi que dans les
premières négociations, que fon innocence
foit reconnue publiquement. On élude la
demande ; le Chevalier refte à Londres, &
le Marquis retourne à Verfailles.

Ces réfiftances déplurent d'abord au Miniftère ; mais les raifons fur lefquelles le
Chevalier d'Eon les fondoit, le ramena à de
plus heureufes difpofitions. On réfolut de
tenter une nouvelle négociation, dans laquelle on convint, avec le Chevalier d'Eon,
des articles d'un Traité qui fut figné. On lui
remit alors la permiffion que nous allons
rapporter.

PERMISSION accordée par SA MAJESTÉ TRÈS-CHRÉTIENNE à . . . .

. . . .

D'EON DE BEAUMONT, Chevalier de l'Ordre Royal & Militaire de Saint-Louis, Capitaine de Dragons, Aide-de-Camp du Maréchal Duc de Broglie; ancien Ministre Plénipotentiaire de France auprès du Roi de la Grande-Bretagne, &c. &c. de rentrer dans le Royaume de France avec sauf-conduit & sûreté de sa personne.

DE PAR LE ROI.

« SA MAJESTÉ s'étant fait rendre compte
» des différentes commissions publiques &
» particulières que le feu Roi, son très-
» honoré aïeul, a bien voulu confier ci-
» devant, pour son service, tant en Russie
» qu'en Angleterre & autres lieux, à Char-
» les - Geneviève - Louis - Auguste - André-
» Timothée d'Eon de Beaumont, & de la
» manière dont il s'en est acquitté, ainsi que

» des fervices militaires dudit d'Eon de
» Beaumont, Sa Majefté a reconnu qu'il a
» donné comme Officier & comme Minif-
» tre, en politique, en guerre & dans toutes
» les circonftances, des preuves non - équi-
» voques d'attachement à fa patrie & de
» zèle pour le fervice du feu Roi, qui le
» rendent digne de la protection que Sa
» Majefté veut bien lui accorder; & voulant
» Sadite Majefté, traiter favorablement ledit
» d'Eon de Beaumont, Elle daigne lui con-
» tinuer la penfion de douze mille livres, que
» le feu Roi fon aïeul lui avoit accordée en
» 1766, & qui lui a été payée jufqu'à ce jour
» fans interruption.

» Sa Majefté voulant en outre que les
» malheureufes querelles, qui n'ont que
» trop éclaté au fcandale de l'Europe, foient
» à jamais enfevelies dans l'oubli. Sa Majefté
» impofe fur cet article à l'avenir un filence
» abfolu, tant audit d'Eon de Beaumont,
» qu'à tous autres fes Officiers & fujets; à
» cette condition, permet Sa Majefté audit
» d'Eon de Beaumont, de rentrer dans fon
» Royaume, d'y refter & d'y vaquer en

» pleine liberté à ses affaires, ainsi que de
» choisir tel autre pays qu'il lui plaira, sui-
» vant l'option que le feu Roi lui en avoit
» laissée en date du premier Avril 1766; Sa
» Majesté voulant en outre que dans aucun
» cas, en aucun temps, en aucun lieu, ledit
» d'Eon ne soit troublé, inquiété, ni mo-
» lesté dans son honneur, sa personne ou
» ses biens, par aucuns des Ministres passés,
» présens & futurs, ni par aucune autre per-
» sonne, tant pour les négociations & com-
» missions publiques & secrètes dont le feu
» Roi l'avoit honoré, que pour aucuns au-
» tres cas résultans de ses querelles, démêlés
» & procès, lesquels sont anéantis à jamais
» par ces présentes, comme il est dit ci-
» dessus : Elle veut bien accorder audit d'Eon
» de Beaumont sauf-conduit & sûreté en-
» tière de sa personne, & le mettre sous la
» protection & sauve-garde spéciale de Sa-
» dite Majesté; à charge par ledit d'Eon de
» Beaumont de garder le silence le plus ab-
» solu, & de se comporter en toute circons-
» tance en sujet soumis, respectueux &
» fidèle; & pour assurance de sa volonté au-

» thentique à cet égard, Sa Majesté a signé
» de sa propre main le présent ordre & sauf-
» conduit, qu'Elle a fait contresigner & dé-
» livrer audit d'Eon de Beaumont, afin que
» nul n'en prétende cause d'ignorance, par
» moi Conseiller-Secrétaire d'Etat au dépar-
» tement de ses Affaires étrangères, & de
» ses commandemens & finances; à Versail-
» les 25 Août 1775. (*Signé*) LOUIS. *Et plus*
» *bas*, *signé* GRAVIER DE VERGENNES.
» *Avec paraphe & le Sceau aux Armes de*
» *France* ».

Ce Jugement, prononcé par le Roi lui-
même, met le dernier sceau à la justice de
la cause du Chevalier d'Eon. Un suffrage si
glorieux & si légitime ne peut manquer de
lui obtenir l'amitié des personnes mêmes
qui auroient pu se laisser surprendre par le
sentiment contraire; & il a lieu d'espérer
cette heureuse révolution sous un règne où
les Ministres & les Grands sont une image
de la modération & de la sagesse du Monarque.

Cette permission détermina d'abord le
Chevalier à quitter l'Angleterre; mais des
circonstances

circonſtances dont nous ne ſommes pas bien
inſtruits, occaſionnèrent enſuite entre les
Négociateurs des démêlés qui retardèrent
l'effet de la négociation. Le Chevalier reſta
à Londres; & comme il avoit encore quelques inquiétudes, il en écrivit au Miniſtre
des Affaires étrangères, qui lui fit de ſa propre main la réponſe ſuivante :

« *A Verſailles, le* 12 *Juillet* 1777.

» J'ai reçu, M, la Lettre que vous m'a-
» vez fait l'honneur de m'écrire le premier
» de ce mois. Si vous ne vous étiez par li-
» vrée à des impreſſions de défiance, que je
» ſuis perſuadé que vous n'avez pas puiſées
» dans vos propres ſentimens, il y a long-
» temps que vous jouiriez dans votre patrie
» de la tranquillité qui doit aujourd'hui,
» plus que jamais, faire l'objet de vos de-
» ſirs. Si c'eſt ſérieuſement que vous penſez
» à y revenir, les portes vous en ſont encore
» ouvertes. Vous connoiſſez les conditions
» qu'on y a miſes : le ſilence le plus abſolu
» ſur le paſſé ; éviter de vous rencontrer avec
» les perſonnes que vous voulez regarder

D

» comme la caufe de vos malheurs, & enfin
» de reprendre les habits de votre fexe. La
» publicité qu'on vient de lui donner en
» Angleterre ne peut plus vous permettre
» d'héfiter. Vous n'ignorez pas fans doute
» que nos Loix ne font pas tolérantes fur
» ces fortes de déguifemens. Il me refte à
» ajouter que fi, après avoir effayé du fé-
» jour de la France, vous ne vous y plaifiez
» pas, on ne s'oppofera point à ce que vous
» vous retiriez où vous le voudrez.

» C'eft par ordre du Roi que je vous
» mande tout ce que deffus. J'ajoute que le
» *fauf-conduit* qui vous a été remis *vous fuffit* ;
» ainfi rien ne s'oppofe au parti qu'il vous
» conviendra de prendre. Si vous vous ar-
» rêtez au plus falutaire, je vous en félicite-
» rai ; finon je ne pourrai que vous plaindre
» de n'avoir pas répondu à la bonté d'un
» Maître qui vous tend la main.

» Soyez fans inquiétude. Une fois en Fran-
» ce, vous pourrez vous adreffer directement
» à moi, fans le fecours d'aucun intermé-
» diaire.

» J'ai l'honneur d'être avec une parfaite

» confidération, M, votre très-humble &
» très-obéiffant ferviteur.

(*Signé*) DE VERGENNES ».

Sur la foi d'une Lettre fi précife, & qui conftatoit l'authenticité de la permiffion qui lui avoit été remife, le Chevalier part de Londres le 13 Août 1777; & encore revêtu de l'uniforme de fon Régiment, il arrive à Verfailles le 17 du même mois; il voit le Miniftre, qui l'accueille avec diftinction, & qui lui fignifie d'abord de vive voix, & enfuite par écrit, l'ordre de reprendre les vêtemens de fon fexe, & de ne les point quitter tant qu'il reftera dans le Royaume. Il part de Paris le 2 Septembre pour fe rendre à Tonnerre, fa patrie, auprès de fa mère, que depuis vingt-quatre ans il n'avoit vue qu'une feule fois, en paffant pour aller joindre l'armée en Allemagne. Il refte à Tonnerre jufqu'au 14 Octobre; & toujours revêtu de fon uniforme, il revient à Paris, où le Miniftre lui renouvelle les ordres du Roi, & en conféquence il prend les habits de fon fexe & le titre de Chevalière d'Eon.

Jufqu'alors on avoit douté de la vérité des bruits qu'on avoit répandus fur fon état phyfique : on n'en douta plus ; toute l'Europe apprit avec étonnement & avec admiration que ce Négociateur d'une expérience confommée, que ce guerrier d'une bravoure éprouvée, que cet Ecrivain d'une érudition fi agréable & d'un jugement fi fain, étoit en effet une femme.

Parmi les hommes de Lettres qui écrivent à Londres, le célèbre Linguet rend une juftice éclatante au mérite militaire & politique de Mademoifelle d'Eon.

« De toutes les femmes qui ont acquis de
» la renommée en empruntant les apparen-
» ces d'un autre fexe, dit cet Ecrivain,
» *N°. VII de fes Annales Politiques, Civiles &*
» *Militaires*, la plus fingulière peut - être à
» tous égards, eft Charlotte - Geneviève-
» Louife-Augufte-Andrée-Timothée d'Eon
» de Beaumont. La poftérité admirera qu'en-
» trée dans la carrière de la politique au
» fortir de l'enfance, elle ait mérité dès le
» commencement, par fa difcrétion, fon
» exactitude & fa prudence, une confiance

» qui n'eſt pas toujours juſtifiée par l'exer-
» cice le plus long & le plus heureux ; que,
» tranſportée du cabinet dans les camps ,
» elle s'y ſoit diſtinguée par un courage qui,
» chez les hommes même, ne ſuit pas tou-
» jours le talent des négociations , & que
» dans ces différentes ſituations ſon ſecret
» ait toujours été ignoré , ou , ce qui revient
» au même , ſi long - temps gardé , ſoit par
» elle , ſoit par les confidens qu'elle en avoit
» pu inſtruire.

» Une vie ſi agitée , & dans un pareil tra-
» veſtiſſement, n'a pu manquer d'occaſion-
» ner bien des incidens biſarres qui forme-
» roient une hiſtoire très - intéreſſante ; mais
» le plus extraordinaire de tous , eſt le pro-
» cès dont ſon ſexe vient d'être le prétexte ,
» & où elle a vu la juſtice s'ingérer ſans
» ſon aveu , d'adjuger un prix à la har-
» dieſſe qui avoit cherché à en pénétrer le
» myſtère ».

Nous ne ſaurions paſſer ſous ſilence la
cauſe du procès dont M. Linguet vient de
parler. Ces détails font autant d'honneur à
la probité de la Chevalière d'Eon , que ſes

actions militaires & politiques en font à sa valeur & à son intelligence.

Les Anglois & les étrangers de diverses Nations, sur les bruits qui avoient donné lieu à des incertitudes sur le genre de son sexe, formèrent deux partis. Le premier soutenoit la vérité du sexe dont le Chevalier avoit jusqu'alors présenté les apparences; le second en croyoit aux bruits qui annonçoient le sexe opposé. On parie, & les paris se montent à plus de quatre-vingt mille livres sterling du côté des étrangers, & à plus de deux cents mille livres sterling du côté de l'Angleterre; lesquelles deux sommes font près de sept millions de notre monnoie. Il ne tint qu'au Chevalier de s'intéresser secrètement à ces paris, & de gagner plus de cent mille écus à ce jeu-là, ou d'accepter environ 25000 livres sterling, c'est-à-dire, vingt-cinq mille louis d'or, que les divers partis lui offroient pour consentir à la vérification de son sexe; mais loin de saisir une occasion si facile de s'enrichir, le Chevalier révolté de l'indécence de ces proposi-tions, sollicite ouvertement la nullité de ces gageures ; protefte contre le premier jugement qui les autorifoit , & avant fon départ de Londres, il déclare , par la voie de toutes les Gazettes , que le fort des parieurs ne pouvant être déterminé que par des moyens qui ne dépendoient pas d'eux, on n'avoit pu efpérer qu'il s'abaifsât jufqu'à fe prêter à aucun éclairciffement fur cet objet ; que c'eût été manquer au refpect dû à l'honneur dont il faifoit profeffion, & à la dignité des caractères dont il étoit revêtu. Telle fut la caufe du procès qui a long - temps agité les parieurs à Londres , & qui fut enfin terminé fuivant le vœu & la réquifition de la Chevalière d'Eon , par un Jugement définitif du 31 Janvier 1778 , prononcé par le Lord Comte de Mansfield , Chef de Juftice du Banc du Roi , en préfence des douze Grands - Juges d'Angleterre ; Jugement qui annulle tous les paris que les mêmes Juges avoient autorifés quelque temps auparavant.

C'eft d'après les opinions oppofées qui partageoient la Ville de Londres, que l'on fe hâta de graver notre héroïne de diverfes manières : en Officier de Dragons, en Miniftre,

& tantôt en femme, tantôt en homme. *Modò Vir, modò Mulier, modò Miles, modò Legatus.*

L'eſtampe qui fut gravée à Londres en *Mezo Tinto*, ſuivant un acte du Parlement du 20 Mars 1773, chez S. Hooper du Ludgate-Hill, la repréſente en *Pallas*, le caſque en tête, l'égide au bras gauche, autour de laquelle on lit ce vers : *At nunc dura dedit vobis diſcrimina Pallas* : « Mais maintenant Pallas » vous a fait une deſtinée bien différente & » bien dure » ; & la main droite armée d'une lance. D'un côté ſont des tambours, des fuſils, des canons, des boulets, des drapeaux, ſur leſquels on lit : *Impavidam ferient ruinæ* : « Les ruines de l'univers l'écraſeroient » ſans l'effrayer » ; & dans le lointain, on apperçoit une citadelle & un camp dreſſé. Le bas de cette eſtampe contient la maſſe des principaux événemens de ſa vie, & l'éloge de ſes vertus & de ſes talens. Cette longue légende eſt en Anglois. En voici la dernière partie traduite en notre langue : « Elle eſt « Auteur d'un grand nombre d'Ouvrages : » elle eſt plus célèbre encore par ſa vertu » que par ſon nom, par ſon épée que par

» fa plume, par fes actions que par fes
» talens, & fur-tout par fon courage hé-
» roïque & inébranlable contre les plus
» rudes coups de la fortune ; par la fer-
» meté invincible de fon cœur & de fon
» efprit dans l'oppreffion & dans les di-
» vers procès & combats qu'elle a foutenus
» & livrés, tant en Allemagne qu'en France
» & en Angleterre, dont elle eft fortie in-
» nocente & victorieufe, après une guerre
» de plus de douze ans ». Enfin on lit en
Latin au bas de la même eftampe :

Læfæ fed invictæ Palladi , per bella , per acta publica in patriæ fuæ honorem & famam inclytæ , cujus virtutis nec inimici vituperare , pauci homines imitari poffunt. (Exul mi Deone , ne quidem offa patria habeat !) in perpetuum amoris monumentum offerebant amici fociales milites (1).

----

(1) Cette Eftampe eft une de celles qui ont été le mieux accueillies ; mais il en paroît une nouvelle en grand, gravée d'après nature par le Sieur J. B. Bradel, qui eft la meilleure de toutes. A Paris, chez l'Auteur, rue Saint-Jacques, près celle des Noyers. Celle qui eft à la tête de cet Ouvrage eft également d'après nature & du même Artifte. Ces deux gravures font les feules reffemblantes.

« A la Pallas bleſſée, mais non vaincue,
» célèbre dans la guerre & dans les négo-
» ciations, & toujours pour l'honneur de
» ſa patrie & pour ſa propre gloire; Héroïne
» dont peu d'hommes peuvent imiter la va-
» leur, & dont les ennemis mêmes ne peu-
» vent attaquer la vertu. O mon cher d'Eon,
» trop malheureux exilé, que ta patrie n'ait
» pas même tes oſſemens !

» Ses camarades Militaires lui ont offert
» cet hommage, comme un monument
» éternel de leur affection ».

Nous bornons ici cette hiſtoire, dont l'héroïne étonne encore les contemporains, &
qui ne paroîtroit pas même vraiſemblable à
nos neveux, ſi les Ecrivains des Nations où
elle a vécu, négocié ou combattu, n'en dé-
poſoient d'une manière uniforme.

COMMISSIONS

MILITAIRES

ACCORDÉES A

Mlle D'EON DE BEAUMONT,

SOUS LE NOM DE

CHEVALIER D'EON,

Avec les LETTRES & CERTIFICATS relatifs à ses différens services, emplois, &c.

COMMISSION de Lieutenant réformé de Dragons à la suite du Colonel-Général, pour le Sieur Charles-Geneviève-Louis-Auguste - André - Timothée D'EON DE BEAUMONT, du 2 Août 1757.

DE PAR LE ROI.

SA MAJESTÉ ayant jugé à propos d'accorder une place de Lieutenant réformé de Dragons au sieur Charles-Geneviève-Louis-Augufte-André-Timothée d'Eon de Beaumont, elle lui ordonne de fe rendre inceffamment à la fuite du Régiment du Colonel-Général de fes Dragons, pour y fervir dorénavant en qualité de Lieutenant réformé, fans cependant pouvoir prétendre en icelle aucuns appointemens. Fait à Compiegne le 2 Août 1757. *Signé* LOUIS. *Et plus bas*, R. DE VOYER.

COMMISSION de Capitaine réformé à la fuite du Régiment du Colonel-Général des Dragons, pour le Sieur Charles-Geneviève-Louis-Augufte-André-Timothée D'EON DE BEAUMONT, du 22 Juillet 1758.

LOUIS, par la grace de Dieu, Roi de France & de Navarre : A notre cher & bien amé le fieur Charles-Geneviève-Louis-Augufte-André-Timothée d'Eon de Beaumont, Lieutenant réformé à la fuite du Régiment du Colonel-Général de nos Dragons : Salut. Mettant en confidération les fervices que vous nous avez rendus dans toutes les occa-

fions qui s'en font préfentées , & voulant
vous en témoigner notre fatisfaction : A ces
caufes , & autres à ce nous mouvans , nous
vous avons commis , ordonné & établi ,
commettons, ordonnons & établiffons , par
ces préfentes fignées de notre main , Capitaine réformé à la fuite dudit Régiment ,
pour y fervir en ladite qualité , nonobftant
ce qui eft porté par le fixième article de
notre Ordonnance du 29 Février 1728, fous
notre autorité & fous celle de notre très-
cher & bien aimé coufin le Duc de Chevreufe , Colonel-Général de nos Dragons ,
& de notre rrès-cher & bien aimé coufin le
Duc de Coigny , Meftre-de Camp-Général
d'iceux , la part & ainfi qu'il vous fera par
nous , ou nos Lieutenans-Généraux , com-
mandé & ordonné pour notre fervice ; de ce
faire vous donnons pouvoir , commiffion ,
autorité & mandement fpécial. Mandons au
fieur de Goyon , Meftre-de - Camp-Lieute-
nant dudit Régiment , & en fon abfence , à
celui qui le commande , de vous recevoir
& de vous faire reconnoître en ladite qualité de Capitaine réformé , & à tous qu'il

appartiendra , qu'à vous en ce faifant foit obéi : Car tel eft notre plaifir. Donné à Ver-failles le 22e jour de Juillet , l'an de grace 1758 , & de notre Règne le quarante-troi-fième. *Signé* LOUIS. *Et plus bas ,* par le Roi, *figné* DE VOYER , avec grille.

En marge de la Commiffion ci-deffus , eft écrit ce qui fuit :

Marie - Charles-Louis d'Albert , Duc de Luynes & de Chevreufe , Pair de France , Chevalier , Commandeur des Ordres du Roi, Lieutenant-Général de fes Armées , Colo-nel-Général de fes Dragons , Gouverneur de Paris , &c. vu par nous la préfente Com-miffion , par laquelle Sa Majefté , pour les caufes y contenues , a commis , ordonné & établi le fieur Charles-Geneviève-Louis Au-gufte-André-Thimothée d'Eon de Beaumont, en la charge de Capitaine réformé à la fuite du Régiment du Colonel-Général des Dra-gons , pour y fervir en cette qualité fous l'autorité du Roi & la nôtre :

Mandons à M. le Duc de Coigny , Meftre-de-Camp-Général des Dragons , de faire recevoir & reconnoître ledit fieur d'Eon de Beaumont en ladite charge.

Ordonnons à tous Brigadiers, Meftre-de-Camp & autres Commandans des Dragons, de le reconnoître en ladite qualité de Capitaine réformé, & lui faire obéir & entendre de tous ceux & ainfi qu'il appartient, ès chofes concernant ladite charge. Fait à Paris le 29 Novembre 1760. *Signé* le Duc DE CHEVREUSE. *Et plus bas*, par Monfeigneur, Colonel-Général, *figné* BERNARD, Secrétaire-Général.

Attache de M. le Duc de Coigny.

François de Franquetot, Duc de Coigny, Meftre - de - Camp-Général des Dragons de France, Gouverneur de Choify-le-Roi & de la Ville de Caen.

Vu les Lettres-Patentes en forme de Commiffion, données à Verfailles le 22 Juillet 1758, fignées Louis, & plus bas, de Voyer, & fcellées, par lefquelles Sa Majefté a commis, ordonné & établi le fieur Charles-Geneviève-Louis-Augufte-André-Timothée d'Eon de Beaumont, en la charge de Capi-

taine réformé à la suite du Régiment du
Colonel-Général des Dragons, & la nôtre,
la part & ainsi qu'il lui sera ordonné : Nous
en vertu du pouvoir à nous donné par Sa
Majesté, à cause de notre charge de Mestre-
de-Camp-Général desdits Dragons, mandons
& ordonnons à tous ceux qu'il appartiendra,
de reconnoître le sieur d'Eon de Beaumont
en ladite qualité ci-dessus, & de lui obéir
en ce qui concerne sa charge, suivant &
conformément auxdites Lettres-Patentes du
Roi : en témoin de quoi nous lui avons
donné & signé notre présente attache, fait
contresigner par notre Secrétaire ordinaire,
& scellée du cachet de nos Armes, pour lui
servir & valoir en ce que besoin sera. *Signé*
le Duc de Coigny. *Et plus bas,* par Monseigneur, *signé* DE LA MINIÈRE.

LETTRE de Paſſe du Régiment du Colonel-Général des Dragons , dans celui d'Autichamp , auſſi Dragons , pour le Sieur D'EON DE BEAUMONT , Capitaine réformé , du 18 Mai 1761.

DE PAR LE ROI.

SA MAJESTÉ ayant jugé à propos de retirer du Colonel Général de ſes Dragons, le ſieur Charles - Geneviève - Louis - Augufte-André - Thimothée d'Eon de Beaumont, qui y eft Capitaine réformé, & voulant s'en ſervir ailleurs, elle lui ordonne de ſe rendre inceſſamment à la ſuite du Régiment de Dragons d'Autichamp, pour y ſervir dorénavant en ladite qualité de Capitaine réformé, & y être entretenu & payé de ſes appointemens en ladite qualité, ſur *le pied de ſix cents livres par an, en paſſant préſent aux revues* qui ſeront faites dudit Régiment : ſon intention étant qu'il conferve le rang qui lui appartient dans ſes troupes de Dragons, en vertu

E

de sa Commission de Capitaine. Fait à Marly le 18 Mai 1761, *signé* LOUIS. *Et plus bas,* le Duc DE CHOISEUL.

COPIE *d'un Billet de M. le Comte de Broglie à M. le Maréchal de Broglie, écrit sur le champ de bataille près du Village de Meinloss, dans la gorge des montagnes du camp d'Eimbeck, du 7 Novembre 1761.*

En arrivant près du village de Lime, j'ai trouvé M. le Marquis de Lostanges, qui, avec les Carabiniers de la Cavalerie & les troupes qu'il avoit avec lui la nuit, gardoit à vue les postes avancés des ennemis, qu'il croyoit leur arrière-garde ; je l'ai joint avec M. Despiés & les six Bataillons de Grenadiers. Nous avons fait ensemble la disposition pour attaquer cette prétendue arrière-garde : nous l'avons poussée jusqu'au de-là du village de Meinloss. M. de Lostanges qui commandoit la colonne de la droite, a apperçu le premier le camp des ennemis sur deux lignes, mas-

quant les deux chemins de Wikenſen & de
Kapelagen, à la hauteur de Furvol : cela a
ralenti nos projets. Comme il ſe fait déjà
tard, & que les jours ſont courts, nous allons
prendre le parti de nous battre en retraite.
J'envoie M. d'Eon faire retirer les Suiſſes &
les Grenadiers de Champagne qui contien-
nent les Montagnards Ecoſſois, qui ont
longé le bois ſur la crête des montagnes,
d'où ils nous incommodent beaucoup. Je ne
vous en dis pas davantage, parce que M.
d'Eon, qui vous remettra enſuite ce billet,
vous rendra compte de vive voix, de tout
ce qui s'eſt paſſé dans cette attaque. Je le fais
partir ſur le champ, afin qu'il puiſſe encore
vous chercher & vous trouver avant que la
nuit ſoit entièrement arrivée. *Signé* le Comte
DE BROGLIE.

Extrait d'un Ouvrage intitulé NOTE,
imprimé à Londres en 1763.

Ce billet, dicté par le Comte de Broglie,
a été écrit par le Chevalier d'Eon ſur le dos
de M. Bertin, Capitaine des Cuiraſſiers, à
la tête du Régiment du Roi, Infanterie. Il

y eut notamment de ce Régiment un affez grand nombre de Grenadiers tués par le feu de la moufqueterie & du canon des Anglois. M. d'Eon eut beaucoup de peine à faire retirer les Suiffes & les Grenadiers de Champagne, qui ne voulurent abfolument pas ceffer leur feu, & qui furent jufqu'au camp des Anglois.

Le Chevalier d'Eon, fur la vérité de tous ces faits, s'en rapporte au témoignage du Comte de Broglie & du Lord Marquis de Gramby, Généraux auffi refpectés des François que des Anglois.

CERTIFICAT *de M. le Maréchal Duc & de M. le Comte de Broglie.*

Victor-François Duc de Broglie, Prince du Saint-Empire, Maréchal de France, Chevalier des Ordres du Roi, commandant en Alface, Gouverneur des Ville & Château de Béthune, & commandant l'armée Françoife fur le Haut-Rhin:

Et Charles Comte de Broglie, Chevalier des Ordres du Roi, Lieutenant-Général de ſes Armées, & Maréchal Général-des-Logis de celle du Haut-Rhin :

Nous certifions que M. d'Eon de Beaumont, Capitaine au Régiment d'Autichamp, Dragons, a fait la dernière campagne avec nous en qualité de notre Aide-de Camp ; que pendant le courant de ladite campagne, nous l'avons chargé fort ſouvent d'aller porter les ordres du Général, & que dans pluſieurs occaſions il a donné des preuves de la plus grande intelligence & de la plus grande valeur, notamment à Hoxter, en exécutant, en préſence & ſous le feu de l'ennemi, la Commiſſion périlleuſe de l'évacuation des poudres & autres effets du Roi; à la reconnoiſſance & au combat près d'Ultrop, où il a été bleſſé à la tête & à la cuiſſe; & près d'Oſterwick, où s'étant trouvé ſecond Capitaine d'une troupe de quatre-vingt Dragons, aux ordres de M. de Saint-Victor, commandant les Volontaires de l'armée, ils chargèrent ſi à propos, & avec tant de réſolution, le Bataillon Franc Pruſſien de Rhées, qu'ils le firent priſonnier de guerre, malgré la grande ſupériorité de l'ennemi;

en foi de quoi nous lui avons délivré le
préfent certificat, figné de notre main, &
y avons fait appofer le cachet de nos Armes.

Fait à Caffel, le 24 Décembre 1761.

Signé le Maréchal Duc DE BROGLIE & le
Comte DE BROGLIE. *Et plus bas*, par Monfeigneur, *figné* DROUET.

---

*LETTRE du Roi au Sieur D'EON DE
BEAUMONT, pour lui annoncer la
Croix de Saint-Louis, du 20 Mars 1763.*

Monf. Charles-Geneviève Louis-Augufte-
André-Thimothée d'Eon de Beaumont, la
fatisfaction que j'ai de vos fervices, m'ayant
convié à vous affocier à l'Ordre Militaire de
Saint-Louis, je vous écris cette Lettre pour
vous dire que j'ai commis mon Coufin le
Duc de Nivernois, Chevalier de mes Ordres,
pour, en mon nom, vous recevoir & admettre à la dignité de Chevalier de Saint-
Louis; & mon intention eft que vous vous
adreffiez à lui, pour prêter entre fes mains
le ferment que vous êtes tenu de faire en

ladite qualité de Chevalier dudit Ordre, &
recevoir de lui l'Accolade & la Croix que
vous devez dorénavant porter fur l'eftomac,
attachée d'un petit ruban couleur de feu :
Voulant qu'après cette réception faite, vous
teniez rang entre les autres Chevaliers dudit
Ordre, & jouiffiez des honneurs qui y font
attachés. Et la préfente n'étant pour autre
fin, je prie Dieu qu'il vous ait, Monf.
Charles-Geneviève-Louis-Augufte-André-
Thimothée d'Eon de Beaumont, en fa fainte
garde. Écrit à Verfailles ce 20 Mars 1763.
Signé LOUIS. *Et plus bas*, le Duc DE
CHOISEUL.

---

*LETTRE de M. le Duc de Choifeul au
Sieur D'EON DE BEAUMONT, Capitaine réformé à la fuite du Régiment de
Dragons d'Autichamp, pour lui annoncer
la Croix de Saint-Louis.*

A Verfailles, le 20 Mars 1763.

Sur le compte, Monfieur, qui a été rendu
au Roi, que vous aviez été choifi pour ap-

porter de la Cour de Londres les ratifications du Traité définitif de paix, Sa Majesté a témoigné être disposée à vous accorder quelque grace, & Elle s'est fait représenter à cet effet vos services militaires & ceux que vous avez rendus dans la partie politique, tant à la Cour de Russie qu'à celle de Londres, dans la négociation de M. le Duc de Nivernois; Elle en a été si satisfaite à tous égards, qu'Elle vous a accordé une place de Chevalier dans l'Ordre Royal & Militaire de Saint-Louis, quoique vous n'ayez pas le nombre d'années de service prescrit pour être susceptible de cette grâce; je vous en donne avis avec plaisir, & vous devez être persuadé que je ne laisserai point ignorer au Roi les preuves que vous continuez à donner de votre zèle & de vos talens pour le bien du service de Sa Majesté. Je suis, Monsieur, votre très-humble & très obéissant serviteur. *Signé* le Duc DE CHOISEUL.

LETTRE de M. le Duc de Choiseul à M. le Duc de Nivernois, pour lui donner avis que le Roi a accordé la Croix de Saint - Louis au Sieur D'EON DE BEAUMONT.

A Verſailles, le 20 Mars 1763.

Le Roi étant informé, Monſieur, que le ſieur d'Eon de Beaumont, Capitaine ré-formé à la ſuite du Régiment de Dragons d'Autichamp, & Secrétaire d'Ambaſſade auprès de vous, avoit été choiſi pour ap-porter de la Cour de Londres les ratifica-tions du Traité définitif de paix, Sa Majeſté a témoigné être diſpoſée à lui accorder quelque grâce : une place de Chevalier dans l'Ordre Royal & Militaire de Saint-Louis, eſt celle dont j'ai cru cet Officier ſuſceptible, tant par ſes ſervices militaires qui ont été très-diſtingués pendant cette guerre en Alle-magne, que par ceux qu'il a rendus dans la partie politique à la Cour de Ruſſie. J'ai propoſé cette grâce au Roi en ſa faveur,

& Sa Majefté a bien voulu la lui accorder. Elle doit d'autant plus flatter le fieur d'Eon, qu'elle eft une preuve très-particulière de la fatisfaction que Sa Majefté a de fon zèle & de fes talens ; & je vous prie d'être perfuadé de tout le plaifir que je me fuis fait d'y contribuer par le vif intérêt que vous y prenez, & les témoignages avantageux que vous rendez de l'utilité dont le fieur d'Eon a été dans votre négociation.

J'ai l'honneur d'être avec un très-fincère & très-parfait attachement, Monfieur, votre très-humble & très-obéiffant ferviteur, *figné* le Duc de Choiseul.

LETTRE du Roi à M. le Duc de Nivernois, pour l'autorifer à recevoir le Sieur D'Eon DE Beaumont, Chevalier de l'Ordre de Saint-Louis, du 20 Mars 1763.

Mon Coufin, la fatisfaction que j'ai des fervices du fieur Charles-Geneviève-Louis-Augufte-André-Thimothée d'Eon de Beaumont, Capitaine réformé à la fuite du Régiment d'Autichamp, Dragons, m'ayant convié à l'affocier à l'Ordre Militaire de Saint-Louis, je vous ai choifi & commis, pour en mon nom le recevoir & admettre à la dignité de Chevalier dudit Ordre ; & je vous écris cette Lettre pour vous dire que mon intention eft que, conformément à l'inftruction ci-jointe, vous ayez à procéder à fa réception ; & la préfente n'étant pour autre fin, je prie Dieu qu'il vous ait, mon Coufin, en fa fainte garde. Fait à Verfailles le 23 Mars 1763. *Signé* LOUIS. *Et plus bas*, le DUC DE CHOISEUL.

LETTRE de M. le Duc de Choifeul à M. le Duc de Nivernois, en lui adreffant la Lettre ci-deffus, & la Croix de Saint-Louis pour le Chevalier D'EON, du 21 Mars 1763.

Le Roi voulant bien, Monfieur, faire recevoir Chevalier de Saint-Louis le fieur d'Eon, Capitaine réformé à la fuite du Régiment de Dragons d'Autichamp, je vous adreſſe la Croix & l'ordre de Sa Majeſté , dont vous avez beſoin pour la lui conférer. Je vous prie de m'informer du jour qu'il aura prêté ferment entre vos mains , & de lui délivrer votre certificat.

J'ai l'honneur d'être avec un très-parfait attachement, Monſieur, votre très-humble & très-obéiſſant ſerviteur. *Signé* le Duc DÉ CHOISEUL.

CERTIFICAT de réception dans l'Ordre Royal & Militaire de Saint- Louis , délivré par M. le Duc de Nivernois au Sieur D'EON DE BEAUMONT , du 30 Mars 1763.

Louis-Jules Barbon Mazarini Mancini, Duc de Nivernois & Donziois , Pair de France , Grand d'Eſpagne de la première Claſſe , Noble Vénitien , Baron Romain , Prince du Saint-Empire , Chevalier des Ordres du Roi , & ſon Ambaſſadeur Extraordinaire & Plénipotentiaire auprès du Roi de la Grande-Bretagne :

En conséquence de la Lettre du Roi, qui nous a été adreſſée, écrite de Verſailles le 10 Mars 1763, ſignée LOUIS, & plus bas, le Duc DE CHOISEUL, par laquelle Sa Majeſté nous a choiſi & commis pour, en ſon nom, recevoir & admettre à la dignité de Chevalier de l'Ordre Royal & Militaire de Saint-Louis, noble Charles-Geneviève-Louis-Auguſte-André-Timothée d'Eon de Beaumont, Capitaine au Régiment de Dragons d'Autichamp, ancien Aide-de-Camp de M. le Maréchal Duc & de M. le Comte de Broglie; Cenſeur Royal pour l'Hiſtoire & les belles-Lettres; ci-devant Envoyé avec le Chevalier Douglas en Ruſſie, pour la réunion des deux Cours; enſuite premier Secrétaire de l'Ambaſſade de France auprès de Sa Majeſté Eliſabeth, Impératrice de toutes les Ruſſies; auſſi premier Secrétaire de l'Ambaſſade qu'il a plu au Roi nous confier pour traiter de la Paix avec la Cour de Londres; & maintenant Miniſtre réſident du Roi auprès de Sa Majeſté le Roi de la Grande-Bretagne :

De la Lettre ſignée de Mondit Sieur le Duc de Choiſeul, de même date, N°. 34, à nous

adreſſée, qui porte que Sa Majeſté étant informée que ledit ſieur d'Eon avoit été choiſi
(même par le Roi de la Grande Bretagne)
pour apporter de la Cour de Londres les
ratifications du Traité définitif de Paix, elle
a témoigné être diſpoſée à lui accorder la
grâce d'une place de Chevalier dans l'Ordre
Royal & Militaire de Saint-Louis, comme
celle dont Elle a cru cet Officier ſuſceptible,
tant par ſes ſervices militaires, qui ont été
très - diſtingués pendant la guerre en Allemagne, que par ceux qu'il a rendus dans la
partie Politique à la Cour de Ruſſie ; & que
cette grâce doit d'autant plus flatter ledit
ſieur d'Eon, qu'elle eſt une preuve très-particulière de la ſatisfaction que Sa Majeſté a
de ſon zèle & de ſes tálens :

D'une autre Lettre ſignée de M. le Duc de
Choiſeul, auſſi à nous adreſſée, écrite à
Verſailles le 21 Mars 1763, contenant que
le Roi voulant bien faire recevoir Chevalier
de Saint-Louis ledit ſieur d'Eon, il nous
adreſſe la Croix & l'ordre de Sa Majeſté,
dont nous avons beſoin pour la lui conférer,
& nous prie de l'informer du jour qu'il aura

prêté ferment entre nos mains, & de lui en délivrer notre certificat ; lesquelles Lettres de Sa Majesté & de M. le Duc de Choiseul nous ont été apportées par ledit sieur d'Eon, au retour de sa mission de la présente Cour de Londres en celle de France, & par lui à nous présentées : & vu une autre Lettre de Sa Majesté, écrite à Versailles ledit jour 20 Mars 1763, signée LOUIS, & plus bas, le Duc DE CHOISEUL, adressée sur le pli audit sieur d'Eon, contenant l'avis qu'Elle lui donne de sa nomination audit Ordre, & qu'elle nous a commis pour, en son nom, le recevoir & admettre à ladite dignité :

Et encore une Lettre de M. le Duc de Choiseul, datée de Versailles ledit jour 20 Mars 1763, aussi adressée audit sieur d'Eon, contenant que, sur le compte qui a été rendu au Roi, qu'il avoit été choisi pour apporter de la Cour de Londres les ratifications du Traité définitif de Paix, Sa Majesté a témoigné être disposée à lui accorder quelque grâce ; qu'Elle s'est fait représenter à cet effet ses services militaires, & ceux qu'il a rendus dans la partie Politique, tant à la Cour de

Ruffie, qu'à celle de Londres dans nôtre négociation, & qu'Elle en a été fi fatisfaite à tous égards, qu'Elle lui a donné une place de Chevalier dans l'Ordre Royal & Militaire de Saint-Louis, quoiqu'il n'ait pas le nombre d'années preferit pour être fufceptible de cette grâce ; qu'il lui en donne avis avec plaifir, & qu'il doit être perfuadé qu'il ne laiffera point ignorer au Roi les preuves qu'il continuera à donner de fon zèle & de fes talens pour le bien du fervice de Sa Majefté :

Nous avons cejourd'hui, pour & au nom du Roi, étant en notre Palais près le Château de Saint-James, fait prêter & reçu le ferment ordinaire, & qu'ont accoutumé de faire les perfonnes admifes à la dignité de Chevalier de l'Ordre Royal & Militaire de Saint-Louis, & avons donné l'Accolade audit noble Charles-Geneviève-Louis-Augufte-André-Timothée d'Eon de Beaumont ; en foi de quoi nous lui avons fait expédier & délivrer, conféquemment aux intentions de Sa Majefté, le préfent certificat, que nous avons figné de notre feing manuel, fait contre-figner par notre Secrétaire ordinaire,

&

& y avons fait appofer le fel ordinaire de nos Armes. Fait & donné à Londres, le 30 Mars 1763. (*Signé*) le Duc DE NIVERNOIS. *Et plus bas*, par fon Excellence. (*Signé*) MOREAU.

Nous ne voulions d'abord donner que la vie militaire, politique & privée de la Chevalière d'Eon; mais comme quelques perfonnes nous ont paru douter de la nobleffe & de l'ancienneté de fon origine, nous avons penfé que le Public en verroit avec plaifir des preuves authentiques.

ABRÉGÉ

GÉNÉALOGIQUE, CHRONOLOGIQUE

ET

HISTORIQUE,

Contenant l'origine & l'état actuel de la Maison D'EON ou DÉON,

Établie en Bretagne, en Champagne & en Bourgogne.

Dressé en 1763 sur titres & actes authentiques, par Antoine-François-Gervais de Palmeus, Secrétaire de M. le Prince de Conti, & Généalogiste employé pour l'Ordre de Malte ;

Certifié & légalisé pardevant les Notaires & Juges des lieux ;

Attesté par une partie de la principale Noblesse de Bourgogne & de Champagne ;

Par l'Évêque de Dijon ;

Par l'Évêque de Langres, Duc & Pair de France, Commandeur de l'Ordre du Saint-Esprit ;

Par le Marquis de Clermont-Tonnerre ;

Par le Marquis de Courtenvaux, Marquis de Villequier, de Montmirail & de Crussy, Comte de Tonnerre, Baron d'Ancy-le-Franc, Capitaine-Colonel des Cent-Suisses de la Garde du Roi, &c. &c.

Revu & vérifié en 1775.

EON, D'EON ou DÉON, noble & ancienne Maison originaire de Bretagne, s'est divisée en plusieurs branches, dont les principales existent encore avec grande distinction dans la Maison d'Eon le Sénéchal, qui, après le Concile de Reims de l'an 1148, changèrent leurs armes & le nom d'Eon pour prendre celui de *le Sénéchal*, Charge qui étoit depuis un temps immémorial héréditaire dans leur

Maifon. On a joint depuis à ce nom, celui de *Kercado*, de *Molac*, de *Kerguifé*, de *Cœli*, &c. pour diftinguer les branches qui fe font illuftrées par les grandes alliances qu'elles ont prifes, & par les dignités qu'elles ont poffédées dans le Militaire & dans l'Église.

Les autres branches établies en Bourgogne, en Champagne & ailleurs, n'ont pas joui d'un rang auffi honorable dans le monde, quoiqu'elles aient toujours vécu noblement dans le Militaire & dans la Robe. Elles ont été auffi divifées dans celles *d'Eon*, *de Molefme*, *de la Toquette*, *d'Aigremont*, *de Ramelu*, *de Malaffife*, *de Mouloife*, *du Chefnoy*, *de Tiffey*, *de Beaumont*, *de Pomard* & *de Germigny.*

Le premier de la Maifon d'Eon en Bretagne, dont la mémoire ne s'eft que trop confervée, paroît dans Eon de l'Étoile, Gentilhomme Breton, condamné comme héréfiarque dans le Concile de Reims tenu le 22 Mars 1148, par le Pape Eugène III, accompagné des Évêques & Abbés de France, d'Allemagne & d'Angleterre.

On ne rapportera point ici les extraits d'Actes de ce Concile pour juftifier ceux de fa famille qui ont cru devoir changer ou altérer leur nom & leurs armes : on dira feulement que *Robert*, dans la continuation de la Chronique de Sigebert, ainfi que les autres Auteurs du temps, & le Cardinal *Baronius* dans fes Annales Eccléfiaftiques, rapportent tout au long l'hiftoire de cette héréfie ; & que des parens *d'Eon de l'Étoile*, honteux de retourner dans leur patrie après avoir fuivi un tel Prophète jufques dans les Diocèfes de Sens, de Reims & de Langres, où il eut un très-grand nombre de Difciples, s'établirent aux confins de la Champagne & de la Bourgogne ; mais ils ont toujours confervé leur nom primitif, & les trois étoiles d'or pour armes parlantes, auxquelles ils ont ajouté un coq au naturel, tenant en fon *pied-dextre* levé, un cœur enflammé de gueules au chef d'azur, fymbole de la vigilance & de l'enthoufiafme *d'Eon de l'Étoile*, avec cette devife : VIGIL ET AUDAX.

Le fecond eft *Daniel* Eon, Chevalier, que l'Abbaye de Bon Repos, felon l'Acte de fa fondation, met au nombre de fes bienfaiteurs : il vivoit en 1184.

F 3

Plusieurs des suivans d'Eon de l'Étoile s'établirent sur le finage de Laindry, qui, depuis cette époque, est appelé *les Bretons*, dépendant du Comté de Tonnerre ; d'autres s'établirent sur le territoire de Ligny, même Election, auquel on donna aussi le nom de *la Chaire du Diable* ; parce que, suivant la stupidité de ce temps, l'accusation d'Eon portoit qu'il étoit Magicien, & que pour attirer le monde, il faisoit de grands festins dont les mets étoient autant de charmes qui aliénoient l'esprit. On attribuoit aussi le même effet à ceux qu'on mangeoit à la table de ses Sectateurs.

Noble *Robert* d'Eon, dit *de Molesme*, né en 1309, étoit Ecuyer en 1346 de Philippe de Courtenay, fils de Guillaume de Courtenay, IIe du nom, Seigneur de Ravières, de Tanley, de Saint-Winemer, issu de Pierre de France, Ier du nom, septième & dernier fils du Roi Louis-le-Gros.

Robert d'Eon suivit ce Prince dans les guerres de Philippe de Valois contre les Flamans & les Anglois : il mourut en 1360, & fut inhumé dans l'Abbaye de Molesme, où

il avoit été élevé & Novice dans sa jeunesse,
d'où le surnom de *Molesme* lui fut donné.
Avant la nouvelle & magnifique reconf-
truction de l'Eglife & de l'Abbaye, on y
voyoit cette Épitaphe en caractères gothi-
ques, composée par un Religieux de ce
Monaftère.

HIC JACET NOBILIS ROBERTUS D'EON,
COGNOMENTO MOLISMI, ARMIGER PHILIPPI
PRINCIPIS CURTINIACI.
DUM VIVERET NOLUIT
IN SANCTO MANERE EREMO
POST MORTEM VOLUIT
DIU REMANERE IN ISTO.
QUI POTUIT SCUTUM FERRE CURTINIACI,
NON POTUIT STOLAM FERRE BENEDICTI
OBIIT ANTE KALENDAS JANUARII
INCARNATIONIS DOMINICÆ.
ANNO M. CCC. LX.

On commence par ce Robert d'Eon, ne
pouvant remonter plus haut avec preuves
fuffifantes, à caufe de l'incendie général qui
confuma entièrement la Ville de Tonnerre

le 8 Juillet 1556, ainsi qu'il est constaté par l'histoire ancienne & moderne de cette Ville, & par un Acte d'attestation & certification donné le 14 Avril 1637, par le Bailli & autres Officiers du Comté de Tonnerre, à un parent de la famille d'Eon. Il porte : » qu'il est de toute impossibilité de trouver » des contrats & actes chez les Notaires, » Tabellions, Greffiers & aucunes personnes » publiques, même particulières dans la » Ville de Tonnerre, d'auparavant le 8 Juillet » 1556; d'autant que l'embrasement général » de ladite Ville, qui arriva ledit jour, brûla » & consuma toute la Ville à une Église » près, qui subsista seule ; & que le feu fut » si prompt & si soudain, qu'en moins de » six heures la Ville fut toute réduite en » cendres ; si qu'on ne pensoit qu'à sauver » les malades & les enfans, ainsi qu'en font » foi les archives de ladite Ville, & la no- » toriété publique ; n'ayant pas eu le loisir de » pouvoir détourner & mettre en sûreté » aucuns papiers ni meubles précieux qui » étoient en grand nombre dans la Ville ; » d'autant que la Noblesse & toutes les

» bonnes Maisons du pays y avoient apporté
» & réfugié tout ce qu'ils avoient de meil-
» leur, à cause des grandes guerres qui étoient
» lors, pour être ladite Ville limitrophe des
» Provinces de Champagne & de Bourgo-
» gne, &c. La minute originale des pré-
» sentes, signée & fermentée par les plus no-
» tables & anciens du pays, est demeurée au
» Greffe du Bailliage de Tonnerre, pour y
» avoir recours quand besoin sera. Fait l'an &
» au jour susdits ». *Signé* Andry, Bailly; Lo-
reau, Greffier, avec le sceau de la Ville & Vicomté de Tonnerre. L'expédition en bonne
forme sur parchemin nous a été présentée (dit
le Généalogiste) par la famille d'Eon, & est
restée déposée entre les mains du Chevalier d'Eon de Beaumont (aujourd'hui Mlle
d'Eon) ancien Ministre Plénipotentiaire de
France à la Cour du Roi d'Angleterre.

Cependant si on vouloit remonter plus
haut, d'après les archives qui sont à l'Echi-
quier de Londres, & l'expédition en bonne
forme que l'on y a levée d'un Acte de l'an
1299, il se trouve qu'en ladite année un
Guillaume d'Eon, Chevalier Banneret (Miles)

fut envoyé Ambassadeur à Rome auprès du Pape Boniface VIII, par Edouard I, Roi d'Angleterre, la vingt-septième année de son règne, ce Guillaume d'Eon ayant passé en Angleterre à la suite de Marguerite de France, femme dudit Edouard.

Robert d'Eon, dont il vient d'être question, avoit épousé en 1332 Alix de Gand, fille de Hérard de Gand, Écuyer, sieur du Bey, inhumé en 1307 à l'Abbaye d'Auberive, Diocèse de Langres, où se voit son tombeau, & d'Alix de Sennevoy, Dame de *Queue de-Mouton.*

De ce mariage est issu noble Pantaléon d'Eon, né à Ravières en 1338, qui eut en partage le Fief de la Chapolaine, dans le finage de Ravières. Il servit les premières années de sa jeunesse dans *les Grandes-Compagnies*, & fut blessé au combat de Brignois. Il fut ensuite, comme son père, Écuyer d'Etienne de Courtenay, & suivit ce Prince dans les guerres de Charles V contre les Anglois, dont il fut prisonnier.

Pantaléon d'Eon, homme inquiet & entreprenant, passa au service du Duc d'Anjou,

& mourut au Royaume de Naples en 1384,
après avoir diffipé fon patrimoine. Il avoit
époufé en 1371, Catherine, fille de noble
Jean de Ganay, & de Jeannette de Charolles.
Le frère de celle-ci, en 1375, étoit Procureur
de Philippe Duc de Bourgogne ès Bailliages
d'Auxois, d'Autun & de Montcenis, & Confeiller du Comte d'Armagnac. Cette famille
a produit des gens illuftres. (*Voyez* le Dictionnaire de Moréri à l'article d'Autun).

De ce mariage eft iffu noble Etienne d'Eon,
né à Charolles en 1373 : il fut tenu fur les
fonts de Baptême par Etienne de Courtenay
& Béatrix, femme de Jean, Comte d'Armagnac, Seigneur du Charolois.

Il époufa en 1407, Jeanne, fille de Michel
de Chaulnes, Écuyer, demeurant à Tonnerre, & de Nicole de Prey, qui étoit fille
de noble Guillaume de Prey, Bailli du Comté
de Tonnerre. De ce mariage eft iffu noble
Jean d'Eon de Molefme, Secrétaire de Philippe III, dit *le Bon*, Duc de Bourgogne, &
vivant en 1450, fuivant les Lettres-Patentes
de ce Prince en date de Montbart, le 19e jour
d'Août de ladite année, pour maintenir

les habitans dudit Montbart dans le pouvoir
de « chaffer à chiens & filets, à bourfes & à
» toutes autres manières que bon leur femble,
» en la Ville & finage de Saint-Remy & Blaify;
» & mêmement au lieu dit *Enchangenot*, ap-
» partenant aux Religieux Abbé & Couvent
» de Fontenay ». Ledit titre en parchemin fe
trouvant dans le tréfor des archives de l'Hô-
tel-de-Ville de Montbart, & dont M. d'Eon
de Mouloife a copie collationnée à l'ori-
ginal en parchemin, le 30 Mai 1685, par
Pierre Bouillot & François Tureau, Notaires
& Tabellions Royaux de la réfidence de
Montbart: vivant encore en 1455, fuivant
un autre titre du 7 Novembre de ladite année, qui fe trouve à la page 78 de l'inventaire des titres & papiers contenant les droits,
privilèges, franchifes, &c. de la Ville de
Dijon, fait le 26 Octobre 1617, par Pierre
Garnier, Receveur des Impofitions; Pierre
Malpoix, Avocat au Parlement, Echevins &
Commiffaires à cette part députés, fac coté
O, Pièces neuf, vingt-fept. Ledit Jean de
Molefme eft mort garçon, ou fa poftérité
n'eft point connue

Et noble Jean-Baptiste d'Eon, Écuyer, né à Nuits ou Nuic sous Ravières, le 20 Octobre 1408, qui entra Volontaire au service de Charles VII, lorsqu'il soumit les principales Villes de la Champagne en 1428. Quelques années après il fut fait Officier d'Infanterie au combat d'Anton en Dauphiné, & fit les campagnes suivantes. Il fut tué en Guienne en 1453.

Il épousa en 1434 Demoiselle Charlotte, fille de Jacques Guibert, Ecuyer, Valet-de-Chambre du Roi Charles VI, qui, en considération de ses anciens services, fut annobli par Charles VII d'une façon distinguée, ainsi qu'il est constaté par les Lettres-Patentes de son annoblissement, en date de la Ville de Nantes, du mois de Mars 1444 ; enregistrées à la Chambre-des-Comptes, *folio* XXVe de la même année, & légalisées au Greffe de Tonnerre le 28 Août 1517 ; le susdit Titre exhibé & retiré par la famille d'Eon & de Jasu, du Comté de Tonnerre.

De ce mariage sont issus noble Etienne d'Eon, Religieux de l'Ordre des Frères Prêcheurs de Saint-Dominique, vivant en 1468 ;

& noble Michel d'Eon, Ecuyer, Prévôt de Ravières, baptisé audit lieu le 30 Janvier 1446, & mort le 21 Avril 1483, âgé de 48 ans. Il époufa en 1462 Demoifelle Margue-rite-Françoife de Toify, famille connue en Bourgogne, & qui a fait preuve de nobleffe. L'alliance de la Maifon de Toify s'étoit re-nouvelée avec celle d'Eon de Mouloife, qui étoit coufin de M. de Toify, Capitaine de Grenadiers, Chevalier de Saint-Louis, mort en 1754.

Eft iffu de ce mariage noble Jacques d'Eon, Ecuyer, Prévôt de Ravières, baptifé en la-dite Ville le 14 Janvier 1463, mort audit lieu le 11 Février 1540, âgé de 77 ans. Il eut quatre femmes pour compagnes de fa *couche nuptiale*, fuivant l'expreffion d'un ancien Titre de famille. La première fut Marie, fille de N. Hénault, Ecuyer, à Chaource, Diocèfe de Langres; la feconde, Simonette, fille de noble François Girardin, fieur de Verloux, & de Simonette Mauroix, à Troyes; la troifième, Nicole Parifot. Il prit en qua-trièmes & dernières noces, en 1516, De-moifelle Marie-Françoife Luytz, fille d'une des plus anciennes familles de Tonnerre, dont est issu

Noble André d'Eon, Ecuyer, né à Raviè-res en 1517. Il servit en 1537 dans l'armée de Piémont, commandée par Henri II, lors Dauphin, & se distingua au *pas de Suze*, où il fut fait Officier de 25 Hommes - d'Armes. Il fit les campagnes de 1542 & les suivantes en Roussillon, où il devint Officier de 50 Hommes-d'Armes. A la fin de la campagne de 1544, il retourna chez lui, & épousa la même année, Demoiselle Jazu de Mereuil, fille de N. de Mereuil, Baron de Nuits sous Ravières : il servit aussi dans l'armée du Duc de Guise au siége de Metz, & fut tué en 1554 à la bataille de Renty, après avoir dépensé presque tout son patrimoine au service.

De ce mariage est issu noble Pierre d'Eon, né à Ravières en 1554, & vivant en 1581, suivant une Charte de ratification de vente, signée le Cardinal de Bourbon. Il fut marié deux fois : la première avec Catherine, fille de noble Nicolas Guéniot de Semur, dont il n'eut point d'enfans. Il épousa en 1574

Demoiselle Etiennette, fille de N. . . .. le Maître, Ecuyer, Seigneur de la Motte, du Breuil-de-Varenne, & de Demoiselle Etiennette Luyts, petite-fille de Jean de Chaulnes, Ecuyer, & de Marguerite de Challon, dont sont issus, 1°. noble André d'Eon, Ecuyer, qui suit; 2°. noble Nicolas d'Eon, Ecuyer, qui fut le premier Solitaire & Fondateur des Hermites établis sur la montagne de Ravières, près la rivière d'Armençon, appelée *Saint-Roch* ou *le Calvaire.* Il aliéna ses biens pour cette fondation, qu'il fit en esprit de pénitence. Il avoit eu une violente passion pour le sexe. Plusieurs de ses enfans naquirent au pied même de son Hermitage avant sa conversion absolue & sa véritable retraite. Cet Hermitage est encore composé aujourd'hui de plusieurs Hermites, qui suivent la règle de S. Paul sous l'obéissance de l'Evêque de Langres. Charles d'Eon, Sieur de Mouloise, ancien Capitaine au Régiment de Joffreville, mort à Ravières en 1755, âgé de 85 ans, chef de sa branche, gardoit comme un Reliquaire précieux un Chapelet & un Christ, qui furent donnés à Rome à

notre

notre saint Hermite, par le Cardinal Barberin, depuis Pape sous le nom d'Urbain VIII. Ces pieuses Reliques ont passé à son petit - fils Charles-Maurice d'Eon, Lieutenant au Régiment de Conti, Cavalerie, & depuis au *Chevalier d'Eon de Beaumont*, (aujourd'hui *Mademoiselle d'Eon*). Les paroles suivantes sont gravées sur la Croix : « Sancta pertinuit

» olim ista Crux ad Nicolaum d'Eon, nobi-
» lem & venerandum admodùm in Deo
» Patrem, qui Solitarius primus fuit & Fun-
» dator Eremitarum suprà collem Rabaria-
» rum propè fluvium Armensionis à monte,
» Sanctus Rochus aut Calvaria dicta, ad Lin-
» gones in Tarnodari comitatu. Ad amorem
» Christi inflammatus, spreto mundo, & alie-
» natis in Dei honorem seculi bonis, nudis
» pedibus cum pane & aquâ tantùm mace-
» ratum & debile Corpus sustinens, ter fuit
» Romæ ad Sanctos locos visitandum. ET
» in loco isto, sanctam accepit istam Cru-
» cem, cum sacro ex auro & argento con-
» texto Rosario B M Virginis, à Cardinalis
» Barberini manibus, qui postea sub nomine
» Urbani octavi Papa fuit vocatus.

G

» In Galliam rediens Nicolaus d'Eon sub
» stricta Lingonensis Episcopi obedientia
» piam fundationem approbantis & con-
» firmantis, in omni humilitate & charitate
» in Eremo servivit Christo usque ad mor-
» tem. Anno Domini 1638 ».

Je reviens à Noble André d'Eon, Avocat au Parlement, né à Ravières en 1576, mort audit lieu. Il épousa en 1602 Demoiselle Sébastienne, fille de noble Pierre Petit & de Jeanne Joli de Ravières. De ce mariage sont issus, entre autres, trois garçons : 1°. noble Nicolas d'Eon, Sieur de la Toquette, Ecuyer; 2°. noble Antoine-Pantaléon d'Eon, Sieur d'Aigremont, Ecuyer ; 3°. noble Louis d'Eon, Sieur de Ramelu, Ecuyer. Ces trois frères ont divisé la famille d'Eon en trois branches, qui suivent.

Première Branche.

Noble Nicolas d'Eon, Sieur de la Toquette, naquit à Ravières le 2 Mars 1607, y mourut en 1661. Il fut Garde-du-Corps de Gaston de France, Duc d'Anjou, puis Duc d'Orléans, frère unique du Roi Louis XIII.

Il servit dans la Compagnie des Gardes-du-Corps pendant tout le temps que ce Prince eut le commandement de l'armée dans les Pays d'Aunis, de Picardie & de Flandre.

En 1636, il épousa Demoiselle Jeanne Caillet, fille de Jean Caillet, Sieur de la Fondrière, Ecuyer, Prévôt de Ravières, & de Dame Louife Pion, morte en 1680, fille de Pantaléon Pion, Ecuyer, Seigneur en partie de Ravières, & de Demoiselle Jeanne Jazu de Mereuil, dont la famille poffédoit anciennement la Baronnie de Nuits fous Ravières. De plufieurs enfans iffus de ce mariage, il n'en refta que trois ; favoir :

1°. Louis d'Eon de la Toquette, Ecuyer, affaffiné à Dijon en 1660, dans le temps qu'il y étudioit en Philofophie. Il avoit alors 19 à 20 ans. Ayant pris querelle avec fept de fes Compagnons d'Etudes au fujet d'une fille, il fe rendit fous les remparts de la Ville pour fe battre ; mais plufieurs d'entre eux, avec le fieur Pierre - François de G * * * à leur tête, tombèrent fur lui l'épée à la main, & le percèrent d'un grand nombre de coups.

Nicolas d'Eon de la Toquette, fon père, fe rendit auffi-tôt à Dijon, & pourfuivit le procès avec beaucoup de chaleur jufqu'au Jugement définitif. En conféquence, la Tournelle Criminelle du Parlement de Dijon rendit un Arrêt, en date du 11 Février 1661, en ces termes : « La Cour a dé-
» claré & déclare le fieur Pierre-François
» G***, natif du Comté de Bourgogne,
» duement atteint & convaincu de l'homi-
» cide commis en la perfonne de Louis
» d'Eon, fils de Nicolas d'Eon, Sieur de la
» Toquette, Ecuyer, Garde-du-Corps de
» *Monfieur*, frère unique du Roi ; & pour
» réparation l'a condamné & condamne à
» être, par l'Exécuteur de la Haute-Juftice,
» pendu & étranglé au champ de Morimond
» de cette ville de Dijon ; en 400 livres d'a-
» mende au Roi, à aumôner aux Religieux
» Minimes & Jacobins de ladite Ville, par
» moitié, pour prier Dieu pour le repos de
» l'ame dudit fieur Louis d'Eon, & en 20000
» liv. de dommages & intérêts envers ledit
» fieur d'Eon fon père; & le furplus des biens
» dudit G*** acquis au profit de qui il appar-
» tiendra ».

Le même Arrêt condamne encore à d'autres peines quatre autres jeunes gens de bonne maison, qui étoient pour lors Prisonniers en la Conciergerie du Palais à Dijon.

« Décrete d'ajournement personnel, de
» prise-de-corps & assigné, à son de trompe
» & cri public par les carrefours de cette
» Ville de Dijon, Hector D***, fils de Jean
» D***, Baron D***, & Hector C***,
» fugitifs, tous accusés de l'homicide com-
» mis en la personne de Louis d'Eon. Fait
» inhibitions & défenses à toutes personnes
» qui ne sont pas de condition, & aux Etu-
» dians de l'Université, de porter les armes
» & de se trouver avec icelles de nuit ni de
» jour, aux peines portées par les Arrêts. »

Quant aux quatre autres Prisonniers, « la
» Cour les condamne à garder prison jus-
» qu'à entier payement des frais de la pro-
» cédure, intérêts & dommages envers le
» sieur d'Eon père ; commet Me George
» Berbisey, Conseiller du Roi en icelle, pour
» taxer les dépens, chacun pour son regard,
» & les condamne en outre en une amende
» pécuniaire, seulement applicable à la ré-

» paration du Palais »; parce qu'ils pou-
voient être moins coupables, & qu'ils ap-
partenoient à des personnes de considération, & en crédit au Parlement, qui, ainsi
que le Baron D***, pour ne subir qu'une
condamnation de légers dommages & intérêts, prétendirent qu'il y avoit disparité de
famille.

Nicolas d'Eon de la Toquette, choqué de
cette injure, demanda qu'il lui fût permis
de faire preuve de sa famille. Il présenta une
Requête conjointement avec ses parens qui
demeuroient à Dijon, & où plusieurs d'entre
eux occupoient un rang distingué dans le
Parlement de cette Ville. En conséquence,
ce Parlement rendit un Arrêt la même année, qui ordonnoit à Nicolas d'Eon, Ecuyer,
Sieur de la Toquette, de faire preuve de sa
famille sans parler de celle des complices
de l'assassin, qui étoient alliés de plusieurs
Membres de ce Parlement. L'enquête se fit
aisément à Dijon même, puisque les personnes les plus distinguées du Parlement, de la
Chambre des Comptes & du Trésor, alliées
à Nicolas d'Eon, la signèrent comme parens;

entre autres Madame la Préfidente Cœur-de-Roi, M. Papillon, MM. Brulard, Bouchet, Premiers Préfidens audit Parlement: le Préfident J*** fut le feul qui refufa, parce qu'il étoit auffi parent d'un des accufés du meurtre.

Nicolas d'Eon de la Toquette ayant obtenu toute la fatisfaction qu'il pouvoit attendre dans la pourfuite d'une procédure auffi cruelle, fatigué de fon féjour à Dijon, & accablé de douleur, fe rendit le plutôt qu'il put dans fa Province; content en quelque forte d'avoir vengé la mort de fon fils par la condamnation des affaffins, & d'emporter avec lui l'expédition de l'Arrêt de la Tournelle Criminelle, trifte monument de la perte d'un fils qu'il chériffoit, & dont le fouvenir, toujours préfent, lui donna la mort la même année.

L'expédition en bonne forme de l'Arrêt de la Tournelle Criminelle de Dijon, en date du 11 Février 1661, fur parchemin, la même qui fut levée par ce malheureux père, eft entre les mains du *Chevalier d'Eon de Beaumont* (aujourd'hui *Mademoifelle d'Eon*).

G 4

2°. Noble André d'Eon, Sieur de la Toquette, Ecuyer, Conseiller du Roi Elu en
l'Election de Tonnerre en 1692, époufa en
1669 Demoifelle Marie de la Foffe. Il mourut fans enfans avant 1702, & fut inhumé
au milieu de l'Eglife Paroiffiale de S. Pantaléon de Ravières, où fe voit fon Epitaphe
fur fa tombe. Animé des mêmes fentimens
de religion que fes ancêtres, il fonda le 5
Février 1701, en ladite Eglife, un Service
folennel avec expofition du Saint - Sacre-
ment, pour détruire les débauches qui fe
font au Carnaval; & le 15 Janvier, un anniverfaire pour le repos de fon ame & de celles de fes père & mère, ainfi que les régiftres
de cette Paroiffe en font foi, & une Epitaphe
fur marbre noir, attachée à un des pilliers à
droite de la nef, qui contient l'acte de ces
deux fondations, & qui commence par ces
trois lettres capitales, D. O. M. en or. La
quittance de finance de l'Anniverfaire eft du
29 Septembre 1703.

3°. Noble Charles d'Eon, Avocat au Parlement, époufa en 1669 Demoifelle Françoife
Minard, fille de Claude Minard, Ecuyer,

Receveur des Tailles à Semur en Auxois en 1640, & de Demoiselle Françoise Clavin, & petite-Fille de Claude Minard, Receveur des Tailles audit lieu en 1600, & de Demoiselle Barbe Artault d'Avalon.

De ce mariage est issu Charles d'Eon de Mouloise, Ecuyer, Capitaine de Cavalerie au Régiment de Joffreville, né en 1670, mort en 1755. Il épousa en 1703 Demoiselle Anne - Antoinette de Brie, fille de Louis-François de Brie, Ecuyer, Officier Ordinaire de la Chambre du Roi Louis XIV, & de Demoiselle Marie le Clerc; & petite - fille d'Antoine de Brie, Ecuyer, aussi Officier de la Chambre du Roi Louis XIII, & de Madelaine le Moine. Celle-ci accoucha, le 9 Avril 1643, d'un fils, nommé Louis - François de Brie, qui eut pour parrain le Roi, représenté par le Comte de Notjean, & pour marraine la Marquise de Souvré : il fut baptisé à Marly-le-Châtel, près S. Germain-en-Laye.

De ce mariage sont issus :

1°. Jacques d'Eon de Mouloise, Ecuyer.

2°. Charles-Antoine d'Eon, Ecuyer, mort le 5 Mai 1719, fort jeune.

3°. Honeſtus - Auguſtin d'Eon, vivant en 1719 , & mort jeune.

Jacques, le premier de ces trois frères , Avocat au Parlement , naquit à Ravières le 30 Janvier 1704 , & épouſa le 8 Mars 1734 , Demoiſelle Anne - Claude Fournier , fille de noble Maurice Fournier , Docteur en Médecine à Semur en Auxois , & de Demoiſelle Eliſabeth Moreau.

De ce mariage ſont iſſus :

1°. Charles - Maurice d'Eon de Mouloiſe , Ecuyer , Lieutenant au Régiment de Conti-Prince , Cavalerie , né à Semur le 11 Août 1735 , mort à Londres de la petite vérole , & inhumé le 14 du même mois dans le Cimetière de S. Pancrace , ſépulture de tous les Catholiques Romains à Londres.

2°. Noble Auguſtin - Philibert d'Eon , né à Semur le 12 Octobre 1738 , mort au même endroit le 10 Août 1746.

Cette branche eſt éteinte.

Seconde Branche.

Antoine-Pantaléon d'Eon , Sieur d'Aigremont , Ecuyer , ſecond fils de Noble André

d'Eon de Ravières, & de Demoiselle Sébaf-
tienne Petit, né à Ravières le 3 Avril 1610,
mort à Tonnerre, âgé de 78 ans, & inhumé
le 18 Avril 1683, en l'Eglife de l'Hôpital de
cette ville, dans la Chapelle de S. Jean, à
droite du Chœur, où fe voient les tombeaux,
Epitaphes & Armoiries de fa famille.

Il fut Capitaine au Régiment de Sully, Cavalerie, comme il appert par un Ordre du
Roi, daté de Paris du 27 Décembre 1643, à
cette Compagnie, pour marcher de Corbeil
à Amiens.

En 1636 les Impériaux, fous la conduite
du Général Galas, étant entrés en Bourgogne, dont ils vouloient faire la conquête,
le Roi fit marcher une armée pour fa défenfe; de forte que les confins de la Champagne & de la Bourgogne s'étant trouvés
inondés de troupes, le fieur d'Eon obtint de
Louis XIII des Lettres de Sauve-garde & de
protection, dont on ne rapportera que l'extrait fuivant.

« Defirant gratifier notre bien amé An-
» toine - Pantaléon d'Eon, en confidération
» de fes fervices militaires, Nous défendons

» très - expreſſément à tous nos Lieutenans-
» Généraux, Gouverneurs de nos Provinces,
» Maréchaux de France , Meſtres de nos
» Camps & Armées, Colonels, Capitaines,
» Chefs & Conducteurs de nos gens de
» guerre, tant de cheval que de pied, de
» quelques Langues & Nations qu'ils ſoient,
» de loger, ni ſouffrir être logés aucuns de
» noſdits gens de guerre en ſa maiſon ſiſe
» dans le lieu de Ravières , en notre Pro-
» vince de Bourgogne, ni en icelle prendre
» ni enlever aucuns bleds, vins, foins, avoi-
» nes, pailles, volailles, beſtial, ou autres
» vivres ou commodités quelconques, ſans
» ſon gré & conſentement, ni de ſes Fer-
» miers ; l'ayant avec ſa famille & biens,
» enſemble ſeſdits Fermiers, pris & mis,
» prenons & mettons par ces Préſentes ſi-
» gnées de notre main, en notre protection
» & ſauve-garde ſpéciale; & afin que nul n'en
» prétende cauſe d'ignorance , Nous lui
» avons permis de faire mettre & appoſer
» nos Armoiries , Pannonceaux & Bâtons
» Royaux, aux endroits les plus éminents de
» ſadite maiſon : Voulant que des Contre-

» venans il en foit fait, par le premier Prévôt
» de nofdits Coufins les Maréchaux de Fran-
» ce, ou autre Juge Royal fur ce requis,
» telle & fi févère punition, qu'elle ferve
» d'exemple à contenir les autres : Car tel eft
» notre bon plaifir. Donné au Château de
» Madrid, le vingt-huitième jour de Juillet
» 1636. *Signé* LOUIS. *Et plus bas :* Par le Roi.
» *Signé* PHELYPEAUX, & fcellé du grand
» fceau. »

Il acquit par contrat du 11 Avril 1641,
du fieur François de Canelle, Ecuyer, l'état
& office de Prévôt des Maréchaux de France,
Camps & Armées du Roi en la Maréchauffée de la Ville & Election de Tonnerre, &
eut fa réception audit office en la Connétablie, le 27 Mai 1643. Il obtint un Brevet de
Committimus aux Requêtes du Palais, figné
par le Roi, contrefigné Huot, & fcellé du
grand fceau, en date du 12 Décembre 1665,
& des Lettres de vétérance & d'honneur en
1680.

En conféquence d'un ordre du Roi, le
Miniftre de la Guerre, le 18 Mai 1675, fit
choifir dans toutes les Maréchauffées de la

Généralité de Paris, cinquante Cavaliers, un Prévôt, un Lieutenant & un Exempt des plus expérimentés, à la guerre, pour marcher, par ordre du Roi, à la Ville d'*Ingrande*, fous les ordres du Duc de Chaulnes ; & il nomma le fieur Pantaléon d'Eon pour commander les cinquante fufdits Cavaliers.

Il époufa Demoifelle Jeanne de Barbuat de la Maifon-Rouge d'Ervy, une des plus anciennes Maifons nobles de l'Election & Comté de Saint-Florentin, décédée à Tonnerre le 7 Octobre 1695, âgée de foixante-onze ans, & inhumée dans le tombeau de fon mari, comme il appert par l'infcription qui eft fur ce tombeau. Il eut d'elle :

François d'Eon du Chefnoy, Ecuyer, né à Tonnerre en la Paroiffe de Notre-Dame, le 8 Décembre 1652, mort en la même Ville, & inhumé auprès de fon père le 24 Juin 1721, en l'Eglife de l'Hôpital de ladite Ville.

Il fervit long-temps dans la Cavalerie en qualité d'Officier, & obtint du Roi, le 13 Mai 1680, des provifions de l'Office que tenoit & exerçoit fon père, fous la dénomination de Confeiller du Roi, Lieutenant de la Prévôté de la Connétablie, Maréchauffée de France, Camps & Armées de Sa Majefté. Il fut reçu en la Connétablie la même année. En confidération de 63 années de fervices de père en fils, il eut des Lettres de vétérance & d'honneur, accordées par le Roi le 17 Novembre 1708, & enregiftrées au Tribunal des Maréchaux de France le 24 defdits mois & an.

Il époufa, en Avril 1683, Dame Claude Baillot, veuve de Pierre Borde, Ecuyer, Confeiller du Roi & Préfident de l'Election de Tonnerre, & fille de Louis Baillot, Ecuyer, Sieur de Beauchamp, Exempt des Gardes-du-Corps du Roi Louis XIV. Il n'en eut point d'enfans.

Il prit en fecondes noces, au mois de Juillet 1709, Demoifelle Jeanne Doé, fille de Jacques Doé, Ecuyer, Seigneur de Craney, Confeiller du Roi, Juge Magiftral au Bailliage & fiége Préfidial de Troyes, & de Dame Elifabeth Langlois.

Cette branche eft éteinte.

Troisième Branche.

Louis d'Eon de Ramelu , Ecuyer, troisième fils d'André d'Eon de Ravières, Ecuyer, & de Demoiselle Sébastienne Petit , né à Ravières le 20 Août 1615 , mort en Juillet 1675. Il fut Capitaine d'Infanterie , & servit avec distinction sous les ordres du Grand Condé. Ce Prince , par une lettre gracieuse en date du camp de Furnes le 14 Septembre 1646 , lui accorda un congé pour aller dans son pays régler ses affaires domestiques. Il fut aussi un des Aides-de-Camp de François de Lorraine , Comte d'Harcourt, appelé communément *Harcourt - la - Perle* , qui le choisit pour porter à la Cour la nouvelle de son passage de l'Escaut, en 1649, malgré la résistance de l'ennemi. La même année M. de Colbert , alors attaché au Cardinal Mazarin , écrivit à M. de Chaulnes, Conseiller d'Etat & Intendant de l'armée de Flandre , la Lettre suivante , pour lui recommander M. d'Eon , Officier peu avantagé de la fortune , & qui avoit déjà six enfans.

MONSIEUR ,

Monsieur,

« Monseigneur le Comte d'Harcourt ayant
» fait la grâce à M. d'Eon, mon ami par-
» ticulier, de le faire servir d'Aide-de-Camp
» sous lui, je prends la liberté de vous écrire
» ces lignes, pour vous supplier très-hum-
» blement comme je fais, de ne le pas ou-
» blier lorsqu'il s'agira du paiement des Offi-
» ciers-Majors de l'armée.

» Outre ses services & son mérite qui le
» rendent digne de cette grâce, je vous en
» aurai une obligation très-particulière, qui
» n'ajoutera pourtant rien à la très-forte paf-
» sion que j'ai de vous témoigner que je suis,
» comme je dois, Monsieur, votre, &c.
» COLBERT ».

Il épousa en 1641 Demoiselle Nicolle Caillet, sœur de Jeanne, femme de son frère
aîné, Nicolas d'Eon de la Toquette. Elle
mourut le 10 Avril 1677.

De ce mariage sont issus:

1°. Très-honorable homme Louis d'Eon,
Ecuyer, Seigneur de la Malaffise près Ravières, baptisé audit lieu en 1649, mort sans

H

postérité. Il épousa, le 17 Août 1678, Demoiselle Claude - Françoise de la Fonds,
Dame en partie de Sennevoy & de la Chapelle, fille d'un Gentilhomme d'ancienne
extraction, & de Dame Marie Pautrel, fille
de N. Pautrel, Ecuyer, & de Blanche de
Courtenay.

2°. André d'Eon, Ecuyer, baptisé à Ravières le 16 Novembre 1656. Il fut d'abord
tonsuré, le 12 Octobre 1672, par l'Evêque
Duc de Langres; quitta l'état Ecclésiastique,
& fut reçu Avocat au Parlement de Paris le
28 Juin 1678; ensuite Conseiller du Roi,
Bailli du Marquisat de Tanlay, du Vicomté
de Thoré, de Saint - Winemer, Quincy,
Molesmes, Saint - Martin & autres lieux;
Maire-Elu de la Ville de Tonnerre, Subdélégué de l'Intendance de la Généralité de
Paris pour les Elections de Tonnerre, de
Ricey, de Jussey, d'Appoigny & d'Auxerre.
Il fit les fonctions de ces différentes places
pendant plus de trente-six ans; mourut à
Tonnerre, & fut inhumé le 11 Septembre
1720 en l'Eglise de l'Hôpital de cette Ville. Il
fut fort r gretté des Intendans de Paris, de

Champagne & de Bourgogne, ainsi que leurs Lettres de condoléance à la Dame veuve d'Eon le prouvent. La Noblesse & les Pauvres de la Province ne le regrettèrent pas moins, à cause de sa probité, de son équité, & de sa grande expérience dans les affaires.

Il épousa, le 3 Août 1682, Demoiselle Marguerite de la Maison, fille de noble Robert de la Maison, Sieur de Tissey, Conseiller du Roi, & de Dame Anne le Blanc, parente de M. le Blanc, Ministre de la Guerre sous la Régence du Duc d'Orléans. Toute sa vie fut un modèle de toutes les vertus chrétiennes & de charité envers les pauvres. Elle testa le 19 Janvier 1737, & fut inhumée au bas du chœur de l'Hôpital de Tonnerre, dans le tombeau de son mari, en 1738.

De ce mariage sont issus :

1°. André-Timothée d'Eon, Écuyer, Sieur de Tissey, baptisé à Notre-Dame de Tonnerre le 20 Juillet 1683, mort garçon à Paris, & enterré en la Paroisse de S. Roch le 9 Novembre 1749. Il fut reçu Avocat au Parlement de Paris le 24 Juillet 1704, & pourvu en 1708 d'une Charge de Conseiller du Roi,

Tréforier de France au Bureau des Finances de Montauban. Il fut premier Secrétaire des Intendances de Navarre, Béarn, Pau, Auch, Montauban, puis de Tours.

Il revint enfuite fe fixer à Paris, où il fut près de 30 ans Secrétaire en chef de la Police, Prévôté & Vicomté de cette Ville. C'eft principalement à fon génie, à fes travaux & à fon habileté, qu'eft dû cet ordre admirable de la Police qui s'eft établi fous MM. d'Argenfon, Herault, de Marville & leurs fucceffeurs, ainfi qu'on peut le voir dans le grand Dictionnaire de *la Mare*, fur la Police de Paris & de fa Banlieue. En récompenfe de fes fervices, le Duc d'Orléans, Régent, lui donna une penfion de 3000 liv. laquelle fut portée à 5000 liv. par Louis XV. Le Comte d'Argenfon, Chancelier de Louis d'Orléans, ayant été chargé de la procuration de ce Prince pour l'inventaire du Régent, & ne pouvant, pour caufe de maladie, remplir par lui-même cette longue & pénible fonction, en chargea M. d'Eon, qui s'en acquitta au gré du Duc d'Orléans & du Comte d'Argenfon. Le Prince, pour marque de fa fatisfaction, lui fit une penfion, & lui donna la Charge de Secrétaire ordinaire de fa Maifon, dont il eut les provifions le 15 Mars 1724. Il eft mort à Paris, au mois de Novembre 1749, Doyen de fes Secrétaires ordinaires & Cenfeur Royal : il étoit généralement aimé & eftimé à la Cour & à la Ville.

2°. Noble François d'Eon, baptifé à Saint-Pierre de Tonnerre le 11 Juillet 1685, mort le 3 Mars 1686, & enterré à Epineuil près Tonnerre.

3°. Louis d'Eon de Beaumont, Ecuyer, qui fuit.

4°. Jacques d'Eon de Pomard, Ecuyer, baptifé à Notre-Dame de Tonnerre le 17 Mars 1701, fut un des premiers Secrétaires du feu Comte d'Argenfon, Miniftre de la Guerre, & mourut aux Riceys en 1747, fans avoir eu d'enfans de Demoifelle Marie de Vinot fa femme.

5°. Michel d'Eon de Germigny, Ecuyer, baptifé à Notre-Dame de Tonnerre le 23 Janvier 1704, un des vingt-cinq Gentils-hommes Gardes de la Manche du Roi, & Chevalier de Saint-Louis. Il fut aimé & protégé particulièrement de Louis XV, qui eut la bonté de lui donner deux penſions ſur ſa Caſſette, pour une bleſſure ſi conſidérable qu'il reçut à la bataille d'Ettingen, qu'on fut obligé de lui ſcier trois côtes. M. Pibrac, premier Chirurgien de M. le Duc d'Orléans, fit cette ſingulière opération, dont il ne fut jamais parfaitement guéri, ayant porté juſ-qu'à ſa mort une canule au côté. Dans le temps de cette opération, le Roi avoit la bonté de demander ſouvent à ſon premier Médecin, (M. Chicouaneau) comment ſe portoit ſon *favori* Garde de la Manche, & ce qu'il faiſoit avec M. Pibrac pour hâter ſa guériſon. M. Chicouaneau, qui aimoit M. de Germigny, ſaiſit cette occaſion pour dire au Roi qu'il ſeroit néceſſaire pour ſon réta-bliſſement parfait, qu'il allât paſſer trois mois aux eaux de Barège avec un Chirurgien qui le traiteroit ſuivant les ordres qu'il lui don-neroit de concert avec M. Pibrac ; mais que tout cela entraîneroit des dépenſes que la fortune préſente du ſieur de Germigny ne lui permettoit pas de faire. Le Roi lui donna alors une augmentation de penſion ſur ſa

Caſſette; ordonna qu'il fut fourni une litière, des chevaux & des Domeſtiques de ſa propre Maiſon, pour le conduire à Barège; & que l'on payât toutes les dépenſes de ſon voyage & de ſon ſéjour aux eaux, ainſi que celles de ſon retour à Verſailles.

Le ſieur de Germigny, né avec de l'eſprit, grand, bien fait de ſa perſonne, aimé & protégé du Roi, de toute la Maiſon de Noailles & de pluſieurs Hommes illuſtres de la Cour, ſeroit parvenu aux premiers grades de ſon Corps, ſi ſa fureur pour le jeu & ſa paſſion pour les femmes n'euſſent dérangé toute ſa fortune. Il contracta beaucoup de dettes, & eut une querelle avec un Officier, Compagnon de ſes plaiſirs. Le Maréchal Duc de Noailles, qui en fut averti, lui fit donner ſur le champ un Garde des Maréchaux de France pour prévenir les voies de fait; mais, peu de jours après M. de Germigny trouva le moyen de ſe ſouſtraire à la vigilance de ce Garde, pour aller ſe battre avec ſon adverſaire. Cette violation de l'Arrêt des Maréchaux de France, & l'impoſſibilité de payer ſes dettes, le mirent dans la néceſſité de paffer , en 1746, au fervice de la République de Gênes, où il eut le Brevet de Lieutenant-Colonel.

En 1747 il fut Aide de Camp du Marquis de Maulevrier, Commandant des troupes Françoifes à Gènes, fous les ordres du Duc de Boufflers. Celui-ci ayant envoyé M. de Germigny au Doge, pour lui rendre compte d'une fortie heureufe que les François avoient faite contre les Autrichiens qui affiégeoient la Ville, & qui furent contraints d'en lever le fiége, le Doge fit faire, par une députation du Sénat, des remerciemens publics au Duc de Boufflers, & fit donner en préfent une épée à poignée d'or au fieur de Germigny, avec promeffe d'être nommé Colonel s'il vouloit paffer en Corfe au fervice de la République.

M. de Germigny, qui s'étoit alors infinué dans les bonnes grâces d'une Dame de la première qualité, fuppofa différentes raifons pour fe difpenfer de paffer en Corfe. Ce refus ayant déplu au Sénat & au mari de la Dame, qui étoit un ancien Sénateur très-accrédité, M. de Germigny, malgré la violence de sa paffion, fut obligé d'abandonner sa maîtreffe & fa nouvelle fortune à Gênes. Il fe retira à Avignon, où il vécut plufieurs années uniquement des penfions que le Roi avoit toujours la bonté de lui continuer.

En 1752, il voulut aller à Montpellier pour y confulter les Médecins au fujet de fa plaie qui s'étoit rouverte. Pendant la route les accidens augmentèrent : il s'arrêta à Nifmes, où il mourut le 20 Août de la même année, & fut enterré en l'Églife & Paroiffe de Saint-Caftor, dans la Chapelle des Pénitens.

Il avoit époufé, le 28 Février 1731, Demoifelle Jeanne-Claire de Brevot, fille de Charles de Brevot, Ecuyer, Seigneur en partie de Bragelone, Subdélégué de l'Intendance de la Généralité de Paris, en ladite Ville de Tonnerre, & de Demoifelle Claire de Baillot, ancienne famille d'Ecoffe.

De ce mariage eft iffu :

Michel d'Eon de Germigny, Ecuyer, baptifé en l'Eglife de Notre-Dame de Tonnerre le 22 Février 1733.

Je reviens à Louis d'Eon de Beaumont, Ecuyer, père de *Mademoifelle d'Eon*, baptifé

en l'Eglise de Saint-Pierre de Tonnerre le 16
Mars 1695, inhumé le 3 Novembre 1749
en l'Eglise de l'Hôpital de cette Ville; il avoit
été Avocat au Parlement de Paris, Conseiller du Roi, Élu-Maire de Tonnerre, & Subdélégué de l'Intendance de la Généralité de
Paris. Il vécut en Sage, & mourut en Philo-
fophe Chrétien.

La veille de fa mort, fes amis étant venus
lorfqu'on lui adminiftroit les derniers Sacremens, il les pria d'affifter le lendemain à fon
convoi. Ils admirèrent fa fermeté; fa femme
& fes enfans fondirent en larmes: pour lui,
loin d'être touché d'un pareil fpectacle, il
répondit de fang-froid : « Il eft auffi naturel
» de mourir que de naître. Je quitte une
» mauvaife patrie pour aller dans une bonne ».
Après avoir fait retirer tout le monde, il re-
tint feulement fon fils (aujourd'hui *Mademoifelle d'Eon*) pour lui dicter fes dernières intentions fur fes affaires. Il finit par lui dire :
« J'ai donné tous mes foins pour vous ap-
» prendre à vivre, il faut que je vous ap-
» prenne aujourd'hui à bien mourir » : en
même-temps il fe souleva; il ferra fon fils

dans fes bras ; il lui donna fa bénédiction, &
tomba mort.

Dans fa patrie, il a eu beaucoup d'envieux
& quelques ennemis, parce qu'il étoit d'une
grande févérité & d'une équité fcrupuleufe
dans la diftribution de la juftice qu'il rendoit,
fans avoir égard à la qualité des perfonnes.
Son cœur faifoit prefque toujours pencher
la balance du côté du foible & du pauvre,
contre le fort & le riche : aufli, à fa mort,
les pauvres vinrent gémir à fa porte, & ar-
rofer de leurs larmes le cercueil de leur Pro-
tecteur.

Il avoit époufé à Montpellier, en 1723,
Demoifelle Françoife de Charanton, fille
d'Etienne de Charanton, Ecuyer, Commif-
faire-Général des Guerres des armées d'Efpagne & d'Italie, & de Demoifelle Françoife
de Blaud.

De ce mariage font iffus, 1°. Demoifelle
Marguerite-Françoife-Victor d'Eon de Beaumont, née à Tonnerre le 11 Octobre 1724 ;
mariée à Paris en la Paroiffe de Saint-André-
des-Arts en 1757, à Meffire Thomas O-Gorman, Chevalier, Seigneur de Cahir-Morrughu

& Tully Cryne, au Royaume d'Irlande ; reconnu pour noble d'extraction & Chef des nom & armes de sa Maison, comme issu en ligne directe des anciens Dynastes d'Hy-Mbairce, qui cessèrent au douzième siècle par l'invasion des Anglois en Irlande, suivant les preuves par lui faites ; en conséquence desquelles il a obtenu des Lettres-Patentes du Roi, données à Versailles au mois de Février 1774, enregistrées au Parlement de Paris le 3 Mai 1775.

De ce mariage sont issus trois fils : Charles-Thomas, Louis-Auguste-Nicolas, & Joseph-Donald O-Gorman. L'aîné a été reçu Page de la Petite-Ecurie du Roi en 1772, & en est sorti au mois de Janvier 1776, avec le Brevet de Sous-Lieutenant à la suite du Régiment Dauphin, Dragons, d'où il a passé au mois de Juin suivant dans celui de *Walsh*, Infanterie Irlandoise, en qualité de Sous-Lieutenant en pied. Les deux autres sont aux Ecoles Militaires.

2°. Théodore - André - Timothée - Louis-César d'Eon de Beaumont, Ecuyer, baptisé le 4 Février 1727, en l'Eglise de Notre Dame

de Tonnerre, mort le 6 Août fuivant, &
enterré dans le chœur de l'Eglife Paroiffiale
de Villon, près d'Anci-le-Franc.

3°. Charles-Geneviève-Louife-Augufte-
Andrée-Timothée d'Eon de Beaumont,
Ecuyer, né à Tonnerre le 5 Octobre 1728,
& baptifé, le 7 du même mois, en la Paroiffe de Notre-Dame.

Le Lecteur voit fans doute que c'eft là
l'héroïne dont il vient de lire l'hiftoire.

On n'a point rapporté dans cette Généalogie les filles iffues des mêmes mariages dans
les différentes branches. Elles ont toutes contracté des alliances honorables & diftinguées,
entre autres, avec Guy de Pontaillier, Chevalier, Maréchal de Bourgogne, & Seigneur
des Fiefs appelés Déonne, & par la fuite
Téone, dans la Paroiffe d'Ecam, Election de
Tonnerre, en 1430.

En 1460 — avec Pierre Fournier, Ecuyer,
Capitaine de la Ville & Comté de Tonnerre.

— Avec les familles de Chaulnes & de
Challon.

— Avec celle de du Broc, Baron de Nuits
fous Ravières.

— Successivement avec MM. Jeannin, Brulard la-Borde, Bouchu, Crépi & Jacob, anciens premiers Présidens du Parlement de Dijon.

— Avec Madame la Présidente Cœur-de-Roy, & avec MM. Etiennots, Comte de Vaſſy en Bourgogne depuis 1692.

— Avec MM du Potel & de Brevon, Ecuyers, demeurans à Ravières, dont le biſaïeul, l'aïeul, le père & le fils ont été Chevaux-Légers de la Garde ordinaire du Roi, Chevaliers de Saint-Louis & Meſtres-de-Camp de Cavalerie.

— Avec MM. de Monfey, l'Enfernat & de Roche-Épine, anciens Gentilshommes.

— Avec la famille Berthier en Bourgogne par les Caillets.

— Avec la famille Pyon, Seigneurs en partie de Ravières, en 1561, &c.

— Avec M. Dimanche, Lieutenant-Criminel du Bailliage & Siége Préſidial de l'Auxois, & Subdélégué de l'Intendance de Dijon.

— Avec M. Bezouard, Écuyer, Seigneur de Montelle & de la Courtine.

— Avec M. de Toify, Ecuyer, Capitaine de Grenadiers, Chevalier de l'Ordre Royal & Militaire de S. Louis.

— Avec Élie-Jules de Seguenot, Écuyer, fils de Jules de Seguenot, Écuyer, Chevalier de Saint-Louis, Capitaine de Grenadiers au Régiment Royal d'Auxerrois, ennobli par fes fervices Militaires & ceux de fes Ancêtres, en 1721.

— Avec la famille Rugeot, anciens Gentilshommes & Militaires du Comté de Tonnerre.

— Avec Meffire Louis-Alexandre-Jofeph de Macquerelle, Marquis de Quefmy de Mont - Brehain, Chevalier, Capitaine au Régiment de Fleury, Cavalerie, tué en 1742, à la défenfe de Prague.

— Avec Antoine de Moly, Écuyer, Confeiller du Roi, Lieutenant Civil & Criminel de la Ville de Rhodez, &c.

Attestations d'état noble , données à M. d'Eon de Mouloise , cousin de Mlle. d'Eon de Beaumont.

Nous Claude Damas , Marquis de Crux , & Gaspard Pontus , Marquis de Thiard , certifions à tous qu'il appartiendra , que M. Charles-Maurice d'Eon de Mouloise, Lieutenant au Régiment de Conti , Cavalerie, est né de père & mère vivant noblement ; que son grand-père , Capitaine de Cavalerie , ses aïeux & autres prédécesseurs portant le nom d'*Eon*, ont toujours joui de l'estime & de la considération publiques dans ce pays ; & que depuis que nous avons connoissance de la famille d'Eon , nous l'avons toujours vue vivre noblement , & appris qu'elle n'avoit contracté que de bonnes alliances, tant au Parlement de Dijon qu'avec des familles nobles , étant la plupart au service Militaire du Roi. En foi de quoi nous avons signé la présente de notre main , & avons apposé chacun le sceau de nos armes.

mes. Fait en notre Hôtel à Sémur en Auxois, Province de Bourgogne, le 6 Juin 1762. *Signé* le Marquis DE THIARD DAMAS, Marquis de Crux, & fcellé fous la main droite en cire rouge à cacheter, du cachet aux armes dudit Marquis de Thiard, qui font trois écreviffes en champ d'or, deux lévriers pour fupports, couronne de Marquis ; & fous la même main le cachet du Marquis de Crux, qui eft une croix enrichie en champ d'or, couronne de Marquis.

Nous témoins fouffignés, certifions avoir connoiffance, tant par nous - mêmes, que par ce que nous avons appris de nos anciens, que la Maifon de MM. d'Eon a toujours vécu noblement depuis qu'elle exifte dans ce pays ; & que tout ce qui eft énoncé de l'autre part, dans l'atteftation donnée par M. Damas, Marquis de Crux, & M. le Marquis de Thiard, eft conforme à ce que nous favons & à la vérité. A Sémur, en Auxois, Province de Bourgogne, le 12 Juin 1762. *Signé* Barbuot, Médecin; Gueniot, Avocat ; Boucard, ancien Notaire Royal à Sémur, & Greffier de la Subdélé-

I

gation; & l'Abbé, Avocat, tous avec paraphe.

No us souffigné Florent Joly, Ecuyer, Confeiller du Roi, Maître ordinaire en fa Chambre des Comptes de Dijon, certifions à qui il appartiendra que M. d'Eon de Mouloife, Lieutenant au Régiment de Conti, Cavalerie, de bonne & ancienne famille, eft né de père & mère vivant noblement; que fon grand-père, Capitaine de Cavalerie, fes aïeux & prédéceffeurs portant le nom *d'Eon*, ont toujours joui de l'eftime & de la confidération particulières du Public dans ce pays; depuis même que nous avons connoiffance de la Maifon defdits d'Eon, nous l'avons vu vivre noblement, & appris des Anciens qu'elle n'avoit jamais contracté que des alliances honorables, tant au Parlement de Dijon qu'avec des familles nobles, la plupart au fervice Militaire du Roi : en témoignage de quoi nous n'avons pu refufer d'attefter & de figner la préfente, & d'y appofer le fceau de nos armes. Fait en notre hôtel à Sémur, Capitale de l'Auxois, Province de Bourgogne, le 6 Juin 1762. *Signé* JOLY,

Maître des Comptes, & fcellé fous la main gauche en cire à cacheter rouge, d'un cachet dont l'écu d'azur eft chargé d'une plante de trois lys d'argent tigés & feuillés, dont le pied coupé defcend dans un croiffant, couronne de Comte.

Nous fouffignés Philbert Papillon, Seigneur de Flavignerot, & Jean-Baptifte Vergnette de la Motte, tous deux Ecuyers, Confeillers du Roi, Maîtres ordinaires en fa Chambre des Comptes de Bourgogne & Breffe, certifions à tous qu'il appartiendra, que Me Charles-Maurice d'Eon de Mouloife, Lieutenant au Régiment de Conti, Cavalerie, eft de bonne & ancienne famille, né de père & mère nobles, vivant noblement; que M. fon grand-père, Capitaine de Cavalerie, & fes aïeux portant le nom *de d'Eon*, ont toujours joui de l'eftime & de la confidération particulières du Public dans le pays; depuis même que nous avons eu connoiffance de la Maifon d'Eon, nous l'avons vu vivre noblement, & appris qu'elle n'avoit jamais contracté que des alliances honorables, tant en notre Parlement de Dijon qu'avec des familles nobles, la plupart au service Militaire du Roi : en foi de quoi nous avons attesté & signé ces présentes, & y avons chacun appofé le fceau de nos armes. Donné à Dijon le 7 Juin 1762. *Signés* PAPILLON DE FLAVIGNEROT, & VERGNETTE DE LA MOTTE, & fcellé fous la main gauche de deux cachets en cire rouge à cacheter, & en marge d'un en hoftie rouge de placard fur papier, qui eft celui de Papillon, eft le même qu'un des deux en cire d'Efpagne, qui eft un papillon fur un champ, & pour fupports deux lions.

L'autre cachet en cire d'Efpagne eft celui de Vergnette de la Motte, & paroît être un arbre mourant d'une terraffe, traverfé vers fon pied d'une vipère.

Nous fouffigné Charles-Gabriel Dubois, Ecuyer, Chevalier, ancien Major du Régiment de Cavalerie du Chevalier de Rofe, Chevalier de l'Ordre Royal & Militaire de Saint-Louis, certifions à tous qu'il appartiendra que M. d'Eon de Mouloife, Lieutenant au Régiment de Conti, Cavalerie, eſt né de père & mère nobles, vivant noblement ; que M. ſon grand-père „ Capitaine de Cavalerie, ſes aïeux & prédéceſſeurs portant le nom *d'Eon*, ont toujours joui de l'eſtime & de la conſidération du Public, & ont été généralement aimés dans le pays ; depuis même que nous avons connoiſſance de MM. d'Eon, nous les avons toujours vu vivre noblement, & avons appris des Anciens qu'ils n'avoient jamais contracté que des alliances honorables, tant au Parlement de Dijon qu'avec des Maiſons nobles, la plupart au ſervice Militaire du Roi : en témoignage de quoi nous n'avons pu refuſer d'atteſter & ſigner la préſente, & d'y appoſer le ſceau de nos armes. Donné à Précy en Auxois, Province de Bourgogne, le 10 Juin 1762. *Signé* le Chevalier DUBOIS, & ſcellé en cire rouge à cacheter, ſous la main gauche, d'un cachet dont l'écu d'azur eſt chargé d'une bande d'or, accompagnée en chef d'une étoile entre deux fleurs de lys, & en pointe d'un ſanglier ; deux lévriers pour ſupports, couronne de Marquis.

Nous souffigné Joſeph de Saint-Phalle,
Seigneur, Comte de Munois, ancien Capitaine au Régiment de Rouergue, Chevalier
de l'Ordre de Saint-Louis, certifions à tous
qu'il appartiendra, que M. d'Eon de Mouloiſe, Lieutenant de Cavalerie au Régiment
de Conti, eſt né de père & mère vivant noblement ; que M. ſon grand-père, Capitaine
de Cavalerie, ſes aïeux & prédéceſſeurs vivant noblement, portant le nom *d'Eon*, ont
toujours joui de l'eſtime & de la conſidération du Public, & ont été généralement
aimés dans le pays ; depuis que nous avons
connoiſſance deſdits MM. d'Eon, nous les
avons toujours vu vivre noblement, & avons
appris des Anciens qu'ils n'avoient jamais
contracté que des alliances honorables, tant
au Parlement de Dijon qu'avec des familles
nobles, la plupart au ſervice Militaire du
Roi : en foi de quoi nous n'avons pu refuſer
d'atteſter & ſigner la préſente, & d'y appoſer
le ſceau de nos armes. Fait à Sémur en Auxois, Province de Bourgogne, le 11 Juin
-1762. *Signé* SAINT-PHALLE, & ſous la main
gauche ſcellé avec de la cire rouge à cache-

ter, d'un cachet dont l'écu en or , eſt chargé d'une croix ancrée de ſinople : deux lions pour ſupports, couronne de Comte.

JE ſouſſigné Jacques-Vincent Languet, Comte de Rochefort , Préſident à mortier au Parlement de Bourgogne , certifie que Charles-Maurice d'Eon de Mouloiſe, Lieutenant au Régiment de Conti, Cavalerie , eſt né de parens de bonne famille , vivant noblement; que j'ai connu particulièrement M. d'Eon de Mouloiſe, ſon grand-père, qui étoit Officier de mérite, qui avoit ſervi avec diſtinction dans la Cavalérie , jouiſſoit de la conſidération publique & vivoit noblement; que MM. d'Eon ont eu différentes alliances avec des familles nobles & diſtinguées, la plupart au ſervice Militaire du Roi : en foi de quoi j'ai ſigné ces préſentes de ma main , & fait appoſer le ſceau de mes armes. Donné à Dijon le 12 Juin 1762. *Signé* LANGUET DE ROCHEFORT ; & ſcellé en marge ſous la main gauche en cire rouge à cacheter, d'un cachet aux armes pleines des Languet, avec le manteau de Préſident à Mortier derrière , & une couronne ducale ſur l'écu.

I 4

JE souſſigné Jacques-François Thibault, Conſeiller du Roi, Préſident au Préſidial de Sémur en Auxois, Province de Bourgogne, certifie que M. Charles-Maurice d'Eon de Mouloiſe, Lieutenant de Cavalerie au Régiment de Conti, eſt né de père & mère vivant noblement, & d'une très-ancienne famille; que M. ſon père, Avocat en Parlement, ſon grand-père paternel, Capitaine de Cavalerie, ſon grand oncle Minard, auſſi Capitaine de Cavalerie, & M. Dunau ſon grand-oncle, Exempt des Gardes-du Corps du Roi, & ſes Aïeux portant le nom d'Eon, ont toujours été très-conſidérés dans ce pays, même de ceux qui ont tenu les places les plus diſtinguées, ainſi que j'ai appris du Public, & de mes père & mère, & des Anciens qui connoiſſent la famille de M. d'Eon de Mouloiſe; qu'ils ont eu des alliances honorables au Parlement de Bourgogne, & ſe ſont diſtingués par celles faites avec des perſonnes de diſtinction, la plupart au ſervice Militaire du Roi. En foi de quoi nous avons délivré le préſent certificat, & fait appoſer le ſceau de nos armes. Donné à Sémur le 14 Juin

1762. *Signé* Thibault, & en marge, sous la main gauche, scellé en cire rouge à cacheter, d'un cachet d'un aigle, les ailes déployées, portant sur sa patte gauche, & ayant la *dextre* levée, en champ d'or.

Nous soussignés, & tous témoins notables domiciliés au bourg de Ravières, Diocèse de Langres, Bailliage de Sens, Généralité de Paris, certifions à qui il appartiendra, que M. Charles - Maurice d'Eon de Mouloise, Lieutenant au Régiment de Conti, Cavalerie, de bonne & ancienne extraction, est né de père & mère nobles, vivant noblement; que M. son grand père, Capitaine de Cavalerie, ses Aïeux prédécesseurs & autres, portant le nom d'Eon, très-connu dans le pays, y ont toujours joui de l'estime & de la considération particulières du Public, & y ont été généralement aimés; de même que nous avons connoissance de la Maison d'Eon, nous l'avons toujours vu vivre noblement, & savons qu'elle n'a jamais contracté que des alliances honorables, tant au Parlement de Dijon, qu'avec des familles nobles, la plupart au fervice Militaire du Roi : en foi de quoi nous n'avons pu refufer d'attefter & de figner la préfente. A Ravières ce 14 Juin 1762. *Signé* Cochard, Curé ; Tifferand, Curé de Stigny ; Vernot, Seigneur Dejrus ; Rougeot, Ecuyer ; Piat, Roger, le Roi, Contrôleurs des Actes ; Bauchelin, Prieur & Curé de Cry, proche Ravières ; & Caillet de la Fondrière, Bailli du Comté de Rochefort, avec paraphes, & fcellé en cire rouge à cacheter, de trois fceaux ; favoir :

Le premier, ou celui de Vernot, un chevron de gueules, accompagné en chef de trois étoiles ; en pointe d'une quatrième, avec une croix alaifée au-deffous.

Le deuxième, ou celui de Rougeot, une canne en champ d'or, au chef d'azur, chargé de trois étoiles.

Le troifième, qui eft de Caillet, eft totalement indiftinct.

Nous Cyr-Germain Millot, Avocat en Parlement, Lieutenant de la Juftice & Prévôté de Ravières, feul Juge ; certifions à tous qu'il appartiendra, que les signatures des personnes ci-dessus sont celles des principaux Habitans dudit Ravières, que foi doit y être ajoutée, tant en Jugement que dehors, ainsi qu'au témoignage ci-dessus. En témoin de quoi nous avons signé les présentes, & à icelles apposé le scel ordinaire de notre Juridiction. Fait & donné à Ravières, en notre hôtel, le 4 Juin 1762. *Signé* MILLOT, avec paraphe, & scellé sous la main gauche en cire rouge à cacheter, d'un cachet dont l'écu est rouge écartelé. Au premier & quatrième, trois lézards en champ d'or, avec un chef chargé de trois étoiles au champ de gueules ; au deuxième & troisième, des bandes.

JE soussigné Jacob-Charles le Mulier, Conseiller du Roi, Lieutenant-Général des Bailliage, Chancellerie & Siége Présidial de Sémur en Auxois, Province de Bourgogne, certifie à tous qu'il appartiendra, que M. Charles-Maurice d'Eon de Mouloise, Lieutenant au Régiment de Conti, Cavalerie, est né de père & mère vivant noblement ;

que M. fon père, Avocat en ce Siége, fon grand-père, Capitaine de Cavalerie, & fes Ancêtres, portant le nom d'Eon, ont toujours été eftimés dans le pays de tous les honnêtes gens; étant en ma connoiffance que fon grand-oncle Minard étoit auffi Capitaine de Cavalerie; cette famille ayant toujours contracté de belles & honnêtes alliances avec des familles, dont la plupart étoient au fervice Militaire du Roi: en foi de quoi nous nous fommes fouffigné, & pour plus grande validité, avons fait appofer à ces préfentes le fceau de nos armes. Fait en notre hôtel audit Sémur, ce 14 Juin 1762. *Signé* J. C. LE MULIER, & en marge, fous la main gauche, fcellé en cire rouge à cacheter, d'un cachet dont l'écu eft d'azur, & chargé de deux grues, tenant d'une patte chacune un cafque grillé & tarré de front.

Nous fouffigné Antoine-François Bizouard, Ecuyer, Seigneur de Montille & la Courtine; certifions à qui il appartiendra, que M. Charles-Maurice d'Eon de Mouloife, Lieutenant au Régiment de Conti, Cavalerie, eft né de père & mère vivant noblement; que M. fon grand-père, Capitaine de Cavalerie, avoit pour oncle maternel M. Minard, auffi Capitaine de Cavalerie, & que fon grand-oncle, M. Duneau, étoit exempt des Gardes-du-Corps du Roi; que tous fes Ancêtres, portant le nom d'Eon, ont toujours été eftimés des perfonnes de diftinction; que depuis que nous avons connoiffance de MM. d'Eon, nous les avons toujours vu vivre noblement, & que feu mon père, Confeiller au Parlement de Metz, nous a dit que cette famille étoit des meilleures & des plus anciennes, tant dans la Robe que dans l'Épée. Ce que nous atteftons véritable, & avons fait fceller de nos armes. Donné en notre Château de Montille, près Sémur en Bourgogne, le 16 Juin 1762. *Signé* BIZOUARD DE MONTILLE, & fcellé fous la main gauche en cire rouge à cacheter, d'un fceau repréfentant un Ange habillé & ailé, paffant, tenant dans fa main droite un lys; fupports deux Anges; couronne de Comte.

Nous fouffigné Bénigne le Mulier, Con-

seiller du Roi, Président honoraire au Présidial de Sémur en Auxois, Province de Bourgogne, certifions à tous qu'il appartiendra,
que M. Charles-Maurice d'Eon de Mouloise,
Lieutenant au Régiment de Conti, Cavalerie, est né de père & mère nobles, vivant
noblement ; que M. son père, Avocat en
Parlement, avoit pour beau-frère M. de Macquerelle de Quemy de Montbrehain, Capitaine de Cavalerie au Régiment de Fleury ;
que M. Charles d'Eon de Mouloise, son
grand-père, aussi Capitaine de Cavalerie,
avoit pour cousin - germain M. Manin,
Ecuyer, Capitaine au Régiment de Bouflers, Infanterie ; pour oncles maternels, M.
Minard, Capitaine de Cavalerie, & M. Ducerf, Lieutenant de Cavalerie ; que M. Duneau, Exempt des Gardes-du-Corps, étoit
son grand-oncle, & M. du Potet de Brevon,
Maréchal-des-Logis des Chevaux-Légers de
la Garde du Roi, Mestre-de-Camp de Cavalerie, étoit son cousin issu de germain ; que
tous ses Ancêtres, du nom de d'Eon, se sont
distingués par leur mérite & par leurs services, soit dans la Robe, soit dans l'Épée,

ont mérité l'eſtime de gens de condition, & la conſidération des plus honnêtes-gens par l'ancienneté de leur famille. En foi de quoi nous avons fait appoſer le ſceau de nos armes au préſent certificat, donné pour ſervir & valoir ce que de raiſon audit Sémur, cejourd'hui 18 Juin 1762. *Signé* LE MULIER, & ſcellé ſous la main gauche en cire rouge à cacheter, d'un cachet dont l'écu d'azur eſt chargé de deux grues, tenant d'une patte chacune un caſque grillé, & tarré de front.

Nous ſouſſigné François Gueneau, Ecuyer, Seigneur de Muſſy-la-Foſſe, demeurant à Sémur en Auxois; certifions à tous qu'il ap-partiendra, que M. Charles-Maurice d'Eon de Mouloiſe, Lieutenant au Régiment de Conti, Cavalerie, eſt né audit Sémur, de père & mère vivant noblement; que M. ſon père, Avocat à la Cour, avoit pour beau-frère Meſſire de Macquerelle de Quemy de Montbrehain, Capitaine de Cavalerie au Régiment de Fleury; que M. Charles d'Eon de Mouloiſe ſon aïeul, auſſi Capitaine de Cavalerie, avoit pour couſin-germain M.

Manin, Ecuyer, Capitaine au Régiment de Bouflers, Infanterie ; pour oncles maternels, M. Minard, Capitaine de Cavalerie, & M. du Cerf, Lieutenant de Cavalerie ; que M. Duneau, Exempt des Gardes-du-Corps, étoit son grand-oncle, & que M. du Potet de Brevon, Maréchal-des-Logis des Chevaux-Légers, étoit son cousin issu de germain ; que tous ses Ancêtres du nom de d'Eon se sont distingués, soit dans la Robe, soit dans la profession des armes, & ont augmenté par leur mérite la considération qui étoit dûe à l'ancienneté de leur famille : en foi de quoi nous avons donné le présent certificat, & pour plus grande solidité, y avons fait apposer le sceau de nos armes. A Sémur, le 21 Juin 1762. *Signé* GUENEAU DE MUSSY, & scellé en cire rouge à cacheter, sous la main gauche, d'un cachet à deux écus ; le premier paroît d'azur, chargé d'un chevron d'or, accompagné en chef de trois étoiles, & en pointe d'un croissant, d'où naît une pensée feuillée & tigée ; le second écu, un champ d'azur, chargé de trois tours ; couronne de Comte.

Nous

Nous fouffignés François Gafpard de Maffol, Comte de Vergy, ancien Officier de la Marine, certifions à tous qu'il appartiendra, que M. Charles-Maurice d'Eon de Mouloife, Lieutenant au Régiment de Conti, Cavalerie, eft né de père & mère vivant noblement; que fon père, Avocat à la Cour, fon grand-père, Capitaine de Cavalerie, fes Aïeux & autres prédéceffeurs portant le nom d'Eon, ont toujours vécu noblement, & joui de l'eftime & de la confidération du Public dans le pays; depuis même que nous avons connoiffance defdits MM. d'Eon, nous les avons vu vivre noblement, & appris des Anciens qu'ils avoient toujours vécu de la forte, & contracté de bonnes alliances, tant au Parlement de Dijon qu'avec de bonnes familles nobles, étant la plupart au fervice Militaire du Roi, & vivant noblement : en foi de quoi nous avons figné la préfente de notre main, & fait appofer le fceau de nos armes. Donné en notre hôtel le 26 Juin 1762. *Signé* DE MASSOL, Comte de Vergy, & fcellé en cire rouge à cacheter, d'un cachet à deux écuffons. Celui à droite

K

paroît de gueule à une Deſtrochère armée, & tenant un marteau, ſurmonté en chef d'une aigle éployée. Celui à gauche paroît d'azur, chargé d'une face d'or, accompagné en chef de trois grelots, & en pointe d'un croiſſant ; deux aigles pour ſupports ; couronne de Marquis ; cimier, un demi-aigle à deux têtes éployées ; deviſe : *Perſpicaciâ & fortitudine.*

Nous ſouſſigné Bernard-Alexandre-Eliſabeth-Emiland Bonnard, Ecuyer. Seigneur de Chaiſenay, certifions véritable que M. Charles-Maurice d'Eon de Mouloiſe, Officier au Régiment de Conti, Cavalerie, eſt né de père & mère vivant noblement ; que M. ſon père, Avocat à la Cour, avoit pour beau-frère Meſſire de Macquerel de Quemy de Montbrehain, Capitaine de Cavalerie au Régiment de Fleury ; que M. Charles d'Eon de Mouloiſe, ſon grand-père, auſſi Capitaine de Cavalerie au Régiment de Joffreville, avoit pour oncles maternels M. Minard, Capitaine de Cavalerie, M. du Cerf, Lieutenant, tous au même Régiment de Joffreville, & M. Dunau, Exempt des Gardes-du-

Corps; que M. Manin, Ecuyer, Capitaine d'Infanterie, étoit fon coufin-germain, & M. du Potet de Brevon, Maréchal-des-Logis des Chevaux-Légers, Meftre-de-Camp de Cavalerie, Chevalier de Saint-Louis, fon coufin iffu de germain; que tous fes Aïeux & autres prédéceffeurs s'appelant d'Eon, ont toujours vécu noblement, & mérité l'eftime des perfonnes de diftinction; qu'ils n'ont jamais contracté que des alliances honorables, tant dans la Robe que dans l'Épée, & qu'ils n'ont point dégénéré de l'ancienneté de leur famille : en foi de quoi nous avons figné la préfente, & pour plus grande validité, y avons fait appofer le fceau de nos armes. Donné à Sémur en Auxois, ce 28 Juin 1762. *Signé* BONNARD DE CHAISENAY, & fcellé fous la main gauche en cire rouge à cacheter, d'un cachet dont l'écu d'azur eft chargé en chef d'un aigle éployé à deux têtes, & en pointe d'un papillon; pour fupports deux griffons couronnés, foutenant chacun une lance; couronne de Comte; cimier, un demi-aigle à deux têtes éployées, furmonté d'un cafque tarré de profil, regardant à gauche, avec cette devise: *Perspicaciá & forti-tudine.*

Nous soussigné Joseph Champeaux, Ecuyer, Seigneur de Blancey, certifions véritable que M. Charles-Maurice d'Eon de Mouloise, Officier au Régiment de Conti, Cavalerie, est né de père & mère vivant noblement; que M. son père, Avocat à la Cour, avoit pour beau-frère Messire de Macquerel de Quemy de Montbrehain, Capitaine de Cavalerie au Régiment de Joffreville; pour oncles maternels M. Minard, Capitaine de Cavalerie, M. du Cerf, Lieutenant, tous au même Régiment de Joffreville, & M. Duneau, Exempt des Gardes-du-Corps; que M. Manin, Ecuyer, ancien Capitaine d'Infanterie au Régiment de Bouflers, étoit son cousin germain, & M. du Potet de Brevon, Maréchal-des-Logis des Chevaux-Légers, Mestre-de-Camp de Cavalerie, Chevalier de Saint-Louis, son cousin issu de germain; que tous ses Aïeux & autres prédécesseurs s'appelant d'Eon, ont toujours vécu noblement, & mérité l'estime des perfonnes de diftinction ; qu'ils n'ont jamais contracté que des alliances honorables, tant dans la Robe que dans l'Épée : en foi de quoi nous avons figné la préfente, & pour plus grande validité, y avons fait appofer le fceau de nos armes. Donné en notre hôtel à Sémur en Auxois, ce 30 Juin 1762. *Signé* CHAMPEAUX DE BLANCEY, avec paraphe, & fcellé en cire rouge à cacheter, d'un cachet dont l'écu paroît d'or, & eft chargé de trois étoiles & d'un cœur en cœur ; deux lions pour fupports, & une couronne de Comte fur l'écu.

Omnibus quorum intereft falutem in Domino : facimus Nobilem inter Burgundos ortum, Dominum Carolum - Mauricium d'Eon de Mouloife Semuraium Jurifprudentiæ laureâ priùs donatum, Sereniffimæ Celfitudinis Principis de Conti, in ala Equitum Subcenturionem.

Ex claris Bello & Togâ in lucem editum parentibus nofcentes volumus : pervolutis ideò diligenti examine Domino noftro Carolo - Mauritio d'Eon de Mouloife, attefta-

tionibus omnibus anteà datis à R R. P P.
Justo Hugon, Barnabâ le Roi, Collegii nostri Præfectis, necnon à R. P. Bonnaventurâ
Gerbais, Sacræ Theologiæ Magistro & Philosophiæ Professore, easdem attestationes
meritò validas in ista unica, veritatis amici-
fide subsignavimus, gimnasiique sigillo muni-vimus. Datum Semuri, die quarto Julii
1762. Signé au-dessous des uns des autres,
F. Daniel PANAUX, Carmelita, Philosophiæ Professor ; F. Marcellus PETITJEAN,
dicti Collegii Præfectus; F. Theodosius DERRIEN, ejusdem Collegii Professor; F. Hilarion LARMET, ejusdem Collegii Professor;
& scellé en marge sous la main gauche,
sur placard & papier en hostie rouge, du
sceau dudit Collége.

Nous soussigné Joseph-Louis-Michel,
Comte de Rochechouart, Chevalier, Seigneur de Marcaix-aux-Bois, la Salles, Mont-
poulaine, la Gourville, la Bauce & autres
lieux, ancien Capitaine au Régiment de Navarre, certifions à qui il appartiendra, que
M. Charles - Maurice d'Eon de Mouloise,

Lieutenant au Régiment de Conti, Cavalerie, est né de père & mère vivant noblement; que M. son père avoit pour beau-frère Messire Macquerel de Quemy de Montbrehain, Chevalier, Capitaine au Régiment de Fleury, que M. Charles d'Eon de Mouloise, Ecuyer, son grand-père, Capitaine au Régiment de Cavalerie de Joffreville, avoit pour oncles maternels M. Minard, Capitaine de Cavalerie au même Régiment, & M. Ducerf, Lieutenant; M. Duneau, Exempt des Gardes-du Corps, étoit son grand oncle, & Messire Augustin Manin, Ecuyer, Capitaine au Régiment de Bouflers, son cousin-germain, & M. du Potet de Brevon, Maréchal-des-Logis des Chevaux-Légers, Mestre-de-Camp de Cavalerie, son cousin issu de germain, que tous ses aïeux & autres prédécesseurs de la Maison de d'Eon, très-connue comme ancienne, n'ont contracté que des alliances honorables & distinguées, tant au Parlement de Dijon, qu'avec des personnes nobles au service Militaire du Roi, & qu'ils n'ont jamais dégénéré : en foi de quoi nous avons signé les présentes, & pour validité d'icelles, y avons fait appofer le fceau ordinaire de nos armes. Donné en notre Château de la Salles, ce 30 Juillet 1762. *Signé* ROCHECHOUART, & fcellé fur placard de papier en cire à cacheter, rouge, fous la main droite, d'un cachet aux armes pleines de Rochechouart, qui font fafcées, lutées ou nébulées d'argent & de gueules.

Claude-Marc-Antoine d'Apchon, par la miféricorde Divine & la grace du Saint-Siége Apoftolique, Evêque de Dijon.

Nous certifions à tous qu'il appartiendra, que M. Charles-Maurice d'Eon de Mouloife, Lieutenant au Régiment de Conti, Cavalerie, eft né de père & mère vivant noblement ; que fon grand-père, Capitaine de Cavalerie, & fes Aïeux portant le nom de d'Eon, ont toujours joui de l'eftime & de la confidération publique en Bourgogne, & que ceux qui connoiffent depuis long-temps cette famille, affurent qu'elle a toujours vécu noblement, & n'a contracté que des alliances très honorables, foit dans le Parlement de Dijon, foit avec des familles nobles, étant la plupart au service Militaire du Roi : en foi de quoi nous avons signé les présentes, & apposé le sceau de nos armes.

Donné au Château de Cressia en Franche-Comté, le 2 Octobre 1762. *Signé* Cl. M. A. Év. de Dijon.

Et scellé en marge en cire à cacheter rouge, d'un cachet aux armes dudit Évêque, qui sont un champ d'or semé de fleurs de lys ; couronne de Comte, surmontée d'un chapeau d'Evêque, garni de ses cordons, terminés chacun par quatre houppes.

L E T T R E.

A Cressia près Argelles, le 2 Octobre 1762.

JE serai toujours charmé, Monsieur, de tout ce qui vous arrivera d'heureux, & je desire fort que tout réussisse comme vous pouvez le desirer vous-même.

Un petit voyage que j'ai fait a un peu retardé ma réponse. Je joins ici un certificat pareil à celui de MM. de Crux & de Thyard. J'aurai toujours un vrai plaisir à vous témoigner en toute occafion la fincérité des fentimens avec lefquels j'ai l'honneur d'être, Monfieur, votre très-humble & très-obéiffant ferviteur ✠ Cl. M. A. Evêque de Dijon.

Atteftations d'état noble pour le Chevalier D'EON DE BEAUMONT, *aujourd'hui Mademoifelle* D'EON.

PAR contrat de mariage de noble François d'Eon, Sieur du Chefnoy, Confeiller du Roi, Prévôt des Maréchaux de France en la Ville & Élection de Tonnerre, avec Demoifelle Claude Baillot, veuve de noble homme Pierre Bordel, vivant Confeiller du Roi, Préfident en l'Election de Tonnerre, paffé devant Me Louis Lemaitre, Avocat en la Cour, Notaire à Tonnerre, le 28 Avril 1683; appert ce qui fuit :

Que ledit fieur d'Eon eft fils de noble Pantaléon d'Eon, ancien Prévôt des Maréchaux de ladite Ville & Election de Tonnerre, & de Demoifelle Jeanne Barbuat fon époufe, fes père & mère.

Et que ladite Demoiselle Baillot eſt fille de Louis Baillot, Ecuyer, ſieur de Beauchamp, vétérant des Gardes-du-Corps du Roi, ſon père.

Par autre contrat de mariage dudit noble homme François d'Eon, Ecuyer, Conſeiller du Roi, Prévôt des Maréchaux de Tonnerre, avec Demoiſelle Jeanne Doé, paſſé devant Mes Edme Moreau, & Pierre Jaillant, Notaires & Tabellions du Roi en la Ville & Bailliage de Troyes, le 11 Juillet 1709 ; appert ce qui ſuit :

Que ledit ſieur d'Eon a épouſé en ſecondes noces ladite Demoiſelle Doé, laquelle eſt fille de Meſſire Jacques Doé, Conſeiller du Roi, Juge Magiſtral au Bailliage & Siége Préſidial de Troyes ; & de Dame Eliſabeth Langlois, ſes père & mère.

Ce que deſſus, a été extrait & collationné par nous Edme-Jean Landel, Avocat en Parlement, ſeul Notaire Royal au Grenier à Sel & Bailliage de la Ville & Comté de Tonnerre, y réſidant, ſouſſigné, en préſence de Edme André, Maître Boulanger, & Jean Latour, Maître Chapelier, demeurans audit

Tonnerre, témoins requis & appelés, aussi soussignés, sur les expéditions en parchemin à nous représentées, & ensuite rendues cejourd'hui 19 Octobre 1766, *signé* Landelle, Notaire Royal, Edme André & Jean Latour. Contrôlé à Tonnerre le 20 Octobre 1766, reçu 9 f. 9 d. *Signé* Barault.

Nous Nicolas François, Avocat en Parlement, Bailli de la Ville, Bailliage & Comté de Tonnere & des Châtellenies en dépendantes, Conseiller du Roi, Lieutenant de la Prévôté Royale de Chablis; certifions à tous qu'il appartiendra, que les expéditions des actes collationnés ci-dessus & des autres parts, font écrits & signés de Me Jean Landelle, Avocat & Notaire Royal en ladite Ville, Bailliage & Comté de Tonnerre, pourquoi foi peut & doit être ajoutée auxdites expéditions, tant en jugement que hors icelui, & par-tout où besoin sera : en témoin de quoi nous nous sommes soussignés en notre Hôtel audit Tonnerre, lieu de notre demeure, le vingt Octobre 1766, *signé*, François. Scellé audit Tonnerre lesd. an, mois & jours susdits, *signé* François.

Je souffigné Jacques Cochard, Curé de l'Eglife Paroiffiale de S. Pantaléon de Ravières, Vice-Doyen du Doyenné Rural de Molefme, au Comté de Tonnerre, certifie à tous ceux qu'il appartiendra, qu'il y avoit depuis un temps immémorial, dans le chœur, aux deux côtés du grand Autel de ladite Paroiffe de S. Pantaléon, deux grandes colonnes de cuivre en forme de pyramides, lefquelles avoient été données anciennement à cette Eglife, comme il fe voyoit par les épitaphes en vieux gothique, gravées fur lefdites colonnes, par la piété de la famille de MM. d'Eon, anciens Prévôts de Ravières, & de celle de MM. Jazu de Mereuil, leurs parens, anciens Barons de Nuits fous-Ravieres. — Je certifie de plus que Monfeigneur Gilbert de Montmorin de Saint-Hérem, Evêque, Duc de Langres, Pair de France, Commandeur de l'Ordre du Saint-Efprit, faifant la vifite des Eglifes de fon Diocèfe, en l'année 1758, & trouvant que lefdites colonnes étoient un ornement fuperflu à cette Eglife, donna ordre de les vendre, pour du prix en être fait une

grande baluſtrade & porte de fer à l'entrée
du chœur de cette Paroiſſe. — Je certifie
encore que la grande aigle d'airain, & les
ſix grands chandeliers de cuivre doré de
cette Egliſe, proviennent auſſi de la piété
de la famille de MM. d'Eon, dont un deſ-
cendant, noble André d'Eon, Sieur de la
Toquette, animé des mêmes ſentimens de
religion, fonda, le 5 Février 1701, en cette
Egliſe, un ſervice ſolemnel avec expoſition
du Très-Saint-Sacrement, ainſi que les Re-
giſtres de cette Egliſe en font foi, & une
Epitaphe ſur marbre noir, qui ſe trouve
attachée à un des piliers à droite dans la
nef de ladite Egliſe, qui porte en lettres capitales & or :

D.   O.   M.

« M. André d'Eon, Conſeiller du Roi,
» Elu à Tonnerre, pour détruire les dé-
» bauches qui ſe font au carnaval, a fondé,
» par acte paſſé pardevant Jacques Millon,
» Notaire au Bailliage de Cruſy, réſidant à
» Ravières, le 5 Février 1701, dans cette Pa-
» roiſſe de Ravières, où ledit ſieur d'Eon a été

» baptifé, un Service folemnel & complet,
» avec expofition du Très Saint-Sacrement,
» & la bénédiction le foir de chacun des
» trois jours qui précèdent le Mercredi des
» Cendres ; cette dévotion finira, le Mardi
» au foir, devant la bénédiction, par une
» amende honorable au Très - Saint - Sacre-
» ment. Ce dernier jour, immédiatement
» après la bénédiction , on chantera un
» *Libera* pour le repos de l'ame du Fonda-
» teur, & de celles de fes père & mère ;
» & pour la même fin, ledit fieur d'Eon a
» fondé un anniverfaire le 15 Janvier tous
» les ans ; la fondation a commencé à être
» exécutée , & le fonds a été amorti par les
» foins de la Demoifelle de la Foffe, fon
» époufe, fuivant la quittance de finance
» du 29 Septembre 1703 ».

Je certifie de plus , qu'il eft conftant
dans ce pays, qu'anciennement un d'Eon
fut le premier Hermite, & le Fondateur
des Hermites établis fur la montagne près
Ravières, que l'on appelle *Saint Roch* ou *le
Calvaire*, où il eft mort faintement, après
avoir donné une partie de fon bien auxdits

Hermites, & après avoir été trois fois à
Rome, nuds-pieds, pour aller visiter, par
dévotion, les tombeaux des Saints Martyrs;
en foi de quoi j'ai donné le présent certificat, pour servir ce que de raison: A Ravières, ce 27 Juin 1766. *Signé* COCHARD,
Curé.

Légalisation.

Gilbert de Mont-Morin de Saint-Hérem,
par la grâce de Dieu, & du Saint-Siége
Apostolique, Evêque Duc de Langres, Pair
de France, Commandeur de l'Ordre du Saint-
Esprit, certifions à tous qu'il appartiendra,
que le sieur Cochard, qui a signé au bas de
l'acte ci-dessus & d'autre part, écrit de sa
main, est tel qu'il se qualifie, & que foi
doit être ajoutée à son seing, par-tout où
besoin sera. Certifions de plus avoir par-
devers nous une connoissance particulière
de tout ce qui est contenu dans ledit acte,
& que véritablement nous avons ordonné de
vendre lesdites deux vieiiles pyramides de
cuivre, provenantes anciennement de la religion & de la piété de la famille de MM.
d'Eon

d'Eon & Jazu de Mereuil , envers ladite Eglife de S. Pantaléon de Ravières , pour le prix en être employé à une baluftrade,& porte de fer au chœur de ladite Eglife , comme chofe que nous avons reconnue être plus utile à la Paroiffe & aux Paroif-fiens , dans les vifites que nous avons fai-tes en 1758 , des Eglifes de notre Diocèfe.

Fait & donné à Tonnerre , dans le cours de nos vifites , le 8 Août 1766. *Signé* G. Evêque , Duc de Langres.

Certificat.

Je fouffigné Louis-Edme Cornu, Avocat en Parlement, ancien Maire Royal de la Ville de Tonnerre, Bailli du Bailliage & Pairie de Dannemoine , demeurant à Ton-nerre, certifie à tous qu'il appartiendra , que Charles - Geneviève - Louis - Augufte-André - Thimothée d'Eon de Beaumont, Ecuyer, Chevalier de l'Ordre Royal & Mi-litaire de S. Louis, Capitaine de Dragons, Cenfeur Royal , ancien Aide-de-Camp de M. le Maréchal Duc de Broglie, & Minif-tre Plénipotentiaire de France auprès du

Roi de la Grande - Bretagne, est né de feu
noble Louis d'Eon de Beaumont, Avocat
en Parlement, Conseiller du Roi, Subdélégué de l'Intendance de la Généralité de
Paris, ancien Maire Elu de la Ville de Tonnerre, &c. & de Demoiselle Françoise de
Charenton, ses père & mère ; lequel feu
Louis d'Eon de Beaumont avoit pour frères, nobles André - Thimothée d'Eon de
Tissey, Avocat en Parlement, mort Censeur Royal, Secrétaire en Chef de la Police
de Paris, & Doyen des Secrétaires de S. A.
S. Monseigneur le Duc d'Orléans, premier
Prince du Sang ; Jacques d'Eon de Pommard, Avocat en Parlement, mort un des
premiers Secrétaires de M. le Comte d'Ar-
genson, Ministre de la Guerre ; Michel d'Eon
de Germigny, Ecuyer, Chevalier de l'Ordre
Royal & Militaire de S. Louis, l'un des
vingt - cinq Gentilshommes de la Garde
Ecossoise du Roi, autrement dit Gardes de
la Manche ; que j'ai connu particulièrement
tous les susnommés ; que je sais parfaitement qu'ils avoient pour grand oncle &
cousin issu de germain, en la Ville de Ton-

nerre, Pantaléon d'Eon, Sieur d'Aigremont, Ecuyer, ancien Capitaine de Cavalerie, mort en ladite Ville, en 1688, Prévôt honoraire des Maréchaux de France ; & François d'Eon, fieur du Chefnoy, Ecuyer, ancien Capitaine de Cavalerie, mort auffi en ladite Ville, en 1721, Prévôt honoraire des Maréchaux de France, comme il fe voit par les Epitaphes & Armoiries fuivantes, qui fe trouvent gravées fur deux pierres de tombes, placées à côté l'une de l'autre, dans la Chapelle S. Jean, à droite du Chœur de l'Eglife de l'Hôpital de Notre-Dame de Fontenille, en ladite Ville de Tonnerre. Sur la première fe trouvent ces mots en lettres capitales : « Cy gît le corps de noble Pan-
» taléon d'Eon, vivant Sieur d'Aigremont,
» Confeiller du Roi, Prévôt des Maréchauf-
» fées de cette Ville, qui décéda le XVIII
» Avril, jour de Pâques, M. DC. LXXXVIII,
» âgé de LXXVIII ans. *Requiefcat in pace* ».
Dans le centre de la pierre fe trouvent les Armes d'Eon, portant « d'argent à la face de
» gueules, accompagnée de trois étoiles,
» (ou molettes) d'azur à cinq pointes ran-

» gées en chef, & un coq à la patte élevée
» au naturel en pointe ».

Plus bas font les Epitaphes fuivantes, en lettres capitales.

« Cy gît le corps de Damoifelle Jeanne
» de Barbuat, veuve dudit fieur d'Eon,
» âgée de 71 ans, laquelle décéda le 7 Oc-
» tobre 1695 ». Et plus bas :

« Et le 7 Décembre 1720, eft décédée An-
» toinette d'Eon, veuve de M. Maucler,
» Écuyer, âgée de 68 ans. *Requiefcant in pace* ».

Sur la feconde fe trouvent l'Epitaphe & les Armes fuivantes en lettres capitales :

« Cy gît le corps de François d'Eon du
» Chefnoy, Ecuyer, Confeiller du Roi,
» Prévôt honoraire de la Maréchauffée de
» Tonnerre, lequel eft décédé le 24 Juin
» 1721, âgé de 68 ans fix mois. *Requiefcant*
» *in pace* ».

Plus bas font les armes d'Eon, comme d'autre part, avec celles de Demoifelle Doé fon époufe, en pal, qui portent :

« De gueules un chevron d'or, accom-
» pagné de deux rofes blanches en chef, &
» une en pointe ».

Je certifie de plus, que je fais parfaitement que l'aïeul du fufdit M. d'Eon de Beaumont étoit noble André d'Eon, Avocat en Parlement, mort en 1720, Confeiller du Roi, ancien Maire Elu de la Ville de Tonnerre, & Subdélégué de l'Intendance de la Généralité de Paris, pour les Élections de Tonnerre, de Ricey, de Juffy, d'Efpoigny, & d'une grande partie de celle d'Auxerre, pendant plus de trente-fix ans, &c. &c. lequel avoit époufé Demoifelle Marguerite de la Maifon, &c. & le bifaïeul Louis d'Eon, fieur de Ramelu, Écuyer, Capitaine d'Infanterie : qu'il eft de notoriété publique que tous ceux de cette famille ont toujours joui de l'eftime & de la confidération pupliques, ont toujours vécu noblement, foir dans le Militaire, foit dans la Robe, & contraſté des alliances avec les meilleures familles de la Ville du Comté de Tonnerre & des environs, tant en Champagne qu'en Bourgogne ; qu'ils ont leurs fépultures particulières en l'Eglife de l'Hôpital Notre-Dame de Fontenilles, en ladite Ville de Tonnerre, où fe voient encore leurs épitaphes, tombes & armes ; que je fais auffi que la famille de MM. d'Eon, établie anciennement à Tonnerre , eft originaire de Nuits & de Ravières, au Comté de Tonnerre ; que leurs pères & ancêtres ont joui également de l'eftime & de la confidération publiques , & vécu noblement, foit dans le fervice Militaire, foit dans la Robe ; que le dernier de cette première branche, à Ravières, étoit Charles d'Eon de Mouloize, Ecuyer, ancien Capitaine au Régiment de Joffreville, Cavalerie, mort audit endroit en 1755, âgé de 86 ans : en foi de quoi j'ai figné & appofé le cachet de mes armes. Fait à Tonnerre, le trente Juin mil fept cent foixante-fix. *Signé* CORNU , avec paraphe.

Je fouffigné Jean-Nicolas Riel, Doyen de Saint-Viennemer, Curé de l'Églife Paroiffiale de S. Pierre-ès-liens de Bragelonne, au Diocèfe de Langres, Élection de Tonnerre, Généralité de Paris, ci-devant Doyen-Curé de Notre - Dame dudit Tonnerre, même Diocèfe, même Généralité, certifie que les faits énoncés au préfent certificat, font également de ma connoiffance, & que noble

Louis d'Eon de Beaumont, Avocat en Parlement, Conseiller du Roi, Subdélégué de l'Intendance de la Généralité de Paris, ancien Maire Elu de ladite Ville de Tonnerre, &c. lors de la maladie dont il est décédé le 4 Novembre 1749, m'a donné les marques les plus spéciales d'une confiance vraiment chrétienne, & qu'il a reçu par mon ministère les Sacremens de l'Eglise avec édification, dont & de tout ce que dessus j'ai délivré le présent certificat, pour servir & valoir ce que de raison. Audit Bragelonne, ce 2 Juillet 1766. *Signé* RIEL, D. C.

Nous Jacques Charles, Marquis de Clermont-Tonnerre, Chevalier de l'Ordre Royal & Militaire de Saint Louis, ancien Capitaine de Cavalerie au Régiment de mon nom, Seigneur, Baron de Dannemoine, près la Ville de Tonnerre, demeurant audit Dannemoine, soussigné, certifions à tous ceux qu'il appartiendra, que les faits énoncés aux deux certificats ci-dessus & d'autre part, signés & attestés par M. Cornu, notre Bailli, & M. Riel, ancien Doyen de Notre-Dame de Tonnerre, sont également de ma connoisfance particulière, & qu'il eft de notoriété publique que les aïeux, bifaïeux, trifaïeux & autres ancêtres de Charles - Geneviève-Louis-Augufte-André-Thimothée d'Eon de Beaumont, Ecuyer, Chevalier de l'Ordre Royal & Militaire de Saint-Louis, Capitaine de Dragons , Cenfeur Royal , ancien Aide-de-Camp de M. le Maréchal Duc de Broglie , & Miniftre Plénipotentiaire de France auprès du Roi de la Grande-Bretagne, ont toujours porté le même nom & les mêmes armes ; favoir , « d'argent à la » face de gueule , accompagnées de trois » étoiles (molettes) d'azur à cinq pointes » rangées en chef, & un coq à la patte éle-» vée au naturel en pointe » & qu'ils ont toujours vécu en gens nobles, foit dans le fervice Militaire , foit dans la Robe. Enfin , que tous ceux de la famille d'Eon (qui eft réputée une ancienne famille dans le Comté de Tonnerre, Diocèfe de Langres,) ont toujours joui de l'eftime & de la confidération publiques, & contracté des alliances avec des familles nobles, diftinguées dans le Militaire & la Robe, tant dans la Province de Bourgogne que dans celle de Champagne : en foi de quoi nous avons signé le présent, & y avons apposé le cachet de nos armes. Fait & donné en notre Château à Dannemoine, ce 4 Juillet 1766. *Signé* le Marquis DE CLERMONT-TONNERRE, Baron de Dannemoine.

Gilbert de Mont-Morin de Saint-Herem, par la grace de Dieu & du Saint-Siége Apostolique, Evêque, Duc de Langres, Pair de France, Commandeur de l'Ordre du Saint-Esprit, certifions à tous qu'il appartiendra, que les signatures *Cornu, Riel, D. C. & le Marquis de Clermont-Tonnerre, Baron de Dannemoine,* apposées aux trois actes ci-dessus & des autres parts, sont les véritables signatures de *Louis-Edme Cornu,* Avocat en Parlement, ancien Maire Royal de la Ville de Tonnerre, Bailli du Bailliage & Pairie de Dannemoine ; de *Jean-Nicolas Riel,* Doyen de Saint-Viennemer, Curé de l'Eglise Paroissiale de Saint Pierre ès Liens de Bragelonne, en notre Diocèse, ci-devant Doyen & Curé de Notre-Dame de Tonnerre ; & enfin de *Jacques-Charles, Marquis de Clermont-Tonnerre,* Seigneur, Baron de Dannemoine, près ladite Ville de Tonnerre, Chevalier de l'Ordre Royal & Militaire de Saint-Louis, ancien Capitaine de Cavalerie au Régiment de son nom, & que foi doit être ajoutée auxdites signatures, partout où besoin sera.

Certifions de plus avoir par-devers nous une connoissance particulière de tous les faits énoncés dans tous les trois susdits actes, & que nous connoissons la famille d'Eon, non seulement pour être une bonne & ancienne famille de notre Diocèse, mais nous avoir été personnellement dévouée & attachée ; que cette famille étoit divisée en plusieurs branches ; savoir, celles de *la To-quette*, de *Ramelu*, de *la Malassisse* & de *Mouloise*, établies anciennement à Ravières, Diocèse de Langres, Comté de Tonnerre ; que toutes ces branches sont actuellement éteintes, le dernier ayant été Charles d'Eon de *Mouloise*, Ecuyer, mort audit Ravières le 26 Avril 1755, âgé de 86 ans, & ancien Capitaine de Cavalerie au Régiment de Joffreville, qui a laissé un seul petit-fils, *Charles-Maurice d'Eon de Mouloise*, Lieutenant au Régiment de Conti, Prince, Cavalerie, mort à Londres le 11 Janvier 176; que les autres branches se sont établies à Tonnerre ; savoir, celle de *Pantaléon d'Eon , Sieur d'Aigremont* , Ecuyer, ancien Capitaine de Cavalerie , mort en ladite Ville de Tonnerre en 1688 , Prévôt honoraire des Maréchaux de France , & *François d'Eon , Sieur du Chefnoy* , Ecuyer, son fils, ancien Capitaine de Cavalerie , mort à Tonnerre en 1721 , aussi Prévôt honoraire des Maréchaux de France ; que ces deux branches sont aussi éteintes, & qu'il ne subsiste plus aujourd'hui que les deux branches *d'Eon de Beaumont , & d'Eon de Germigny* , mentionnées dans les susdits actes. Certifions enfin, qu'il est de notre connoissance particulière , & même de notoriété publique, que tous ceux de cette famille ont toujours joui de l'estime & de la considération publiques , ont toujours vécu noblement & avec distinction, tant dans le Militaire que dans la Robe , *ont toujours porté le même nom d'Eon & les mêmes armes* , savoir : d'argent à la face de gueule, accompagnée de trois étoiles (Molettes) d'azur , à cinq pointes rangées en chef, & un coq à la patte élevée au naturel en pointe, & ont contracté des alliances nobles & honorables dans les deux états susdits; *que ceux de la branche aînée ont une sépulture de toute ancienneté* dans l'Eglise de Saint Pantaléon de Ravières, où existent encore des tombes, épitaphes, armes & plusieurs monumens de leur piété, libéralité & fondations envers ladite Eglise & Hermitage, nommé *Saint-Ròch*, près ledit Ravières; *que ceux de la branche cadette* ont aussi leurs sépultures particulières en l'Eglise de l'*Hôpital de Notre-Dame de Fontenilles* à Tonnerre, où se voient leurs tombes, épitaphes & écussons d'armoiries, comme ci - dessus & d'autre part. Fait & donné à Tonnerre, dans le cours de nos visites, le 8 du mois d'Août 1766. *Signé* G. Evêque, Duc de Langres.

Nous Marquis de Courtenvaux de Villequiers & de Cruffy, Comte de Tonnerre, Baron d'Ancy-le-Franc, Seigneur de Beaugy & autres lieux, Capitaine-Colonel de la Compagnie des Cent-Suisses de la Garde ordinaire du Corps du Roi, certifions à tous qu'il appartiendra, *que Charles-Geneviève-Louis-Auguste-André - Thi-*

mothée *d'Eon de Beaumont*, Ecuyer, Chevalier de l'Ordre Royal & Militaire de Saint-Louis, Capitaine de Dragons au Régiment d'Autichamp, ancien Aide-de-Camp du Maréchal & du Comte de Broglie, Cenſeur Royal, & Miniſtre Plénipotentiaire de France auprès du Roi de la Grande-Bretagne, eſt né de feu *noble Louis d'Eon de Beaumont*, Avocat en Parlement, Conſeiller du Roi, Subdélégué de l'Intendance de la Généralité de Paris, Maire Elu de la Ville de Tonnerre, & de Demoiſelle *Françoiſe de Charenton*, ſes père & mère; lequel feu Louis d'Eon avoit pour frères nobles *André-Thimothé d'Eon de Tiſſey*, Avocat en Parlement, mort Cenſeur Royal, Secrétaire en chef de la Police de Paris, & Doyen des Secrétaires de S. A. S. Monſeigneur le Duc d'Orléans, premier Prince du Sang; *Jacques d'Eon de Pommard*, Avocat en Parlement, mort premier Secrétaire de M. le Comte d'Argenſon, Miniſtre de la Guerre; *Michel d'Eon de Germigny*, Ecuyer, Chevalier de l'Ordre Royal & Militaire de Saint-Louis, l'un des vingt-cinq Gentilshommes de la Garde Ecoſſoiſſe du Roi, autrement dit, Gardes de la Manche, à qui Sa Majeſté avoit accordé , outre une penſion ſur le Tréſor Royal , une penſion particulière ſur ſa Caſſette , à cauſe de ſes ſervices , & d'une bleſſure conſidérable reçue en Allemagne ; que nous avons connu très-particulièrement tous les ſuſnommés , non-ſeulement pour être des perſonnes de bonne famille de notre Comté de Tonnerre , mais qui nous ont toujours été attachées.

Nous certiſions de plus que nous ſavons parfaitement que l'aïeul du ſuſdit M. *d'Eon de Beaumont étoit noble André d'Eon* , Avocat en Parlement , mort Conſeiller du Roi , Subdélégué de l'Intendance de la Généralité de Paris , pour les Elections de Tonnerre , de Riſſey , de Juſſy ; d'Eſpoigny , & de partie de celle d'Auxerre , Maire-Elu pour ladite Ville de Tonnerre , &c. lequel avoit épouſé Demoiſelle *Marguerite de la Maiſon* ; que ſon oncle, *Louis d'Eon de Malaſſiſe* , Ecuyer, né en 1649 , avoit épouſé Demoiſelle *Claude-Françoiſe de la Fond* , Dame en partie de Sennevoy & de la Chapelie , fille d'un Gentilhomme d'ancienne extraction , & de Dame *Marie Pautrel* , fille de *N......Pautrel* & de *Blanche de Courtenay* ; que ſon biſaïeul étoit *Louis d'Eon* ,

Sieur de Ramelu, Ecuyer, Capitaine d'Infanterie, qui avoit épousé une fille de l'ancienne
famille noble de *Caillet* en Bourgogne ; que
ledit sieur *Louis d'Eon* étoit fils & petit-fils des
anciens Prévôts de Ravières, qui avoient pris
alliance avec la famille de *Jazu de Mereuil*,
anciens Barons de Nuits sous Ravières.

Que la famille d'Eon étoit divisée en plusieurs branches ; savoir, celles de la *Toquette* &
de *Mouloise*, établies anciennement à Ravières,
Diocèse de Langres & Comté de Tonnerre ;
que toutes ces branches sont actuellement
éteintes, le dernier ayant été *Charles d'Eon de
Mouloise*, Ecuyer, mort audit Ravières le 26
Avril 1755, âgé de 86 ans, & ancien Capitaine
de Cavalerie au Régiment de Joffreville, qui
a laissé un seul petit-fils, *Charles-Maurice d'Eon
de Mouloise*, Lieutenant au Régiment de Conti-
Prince, Cavalerie, mort à Londres le 11 Janvier 1765 ; les autres branches se sont établies
à Tonnerre ; savoir, celle d'*Antoine Pantaléon
d'Eon*, Sieur *d'Aigremont*, Ecuyer, ancien Capitaine de Cavalerie, mort à Tonnerre en
1688, Prévôt honoraire des Maréchaux de
France, & *François d'Eon*, Sieur *du Chesnoy*,
Ecuyer, son fils, ancien Capitaine de Cavale-

rie, mort en ladite Ville de Tonnerre en 1721, aussi Prévôt honoraire des Maréchaux de France. Ces deux branches sont aussi éteintes, & il ne subsiste aujourd'hui que les deux branches *d'Eon de Beaumont* & *d'Eon de Germigny*, mentionnées ci dessus.

Certifions de plus que la famille d'Eon est regardée comme une bonne & ancienne famille dans notredite Ville de Tonnerre, & qu'il est même de notoriété publique que tous ceux de cette famille ont toujours joui de l'estime & de la considération publiques, ont toujours vécu noblement & avec distinction, tant dans le Militaire que dans la Robe, *& ont toujours porté le même nom & les mêmes armes*, & ont contracté des alliances nobles & honorables dans les deux états susdits.

En foi de quoi nous avons donné le présent certificat pour servir & valoir ce que de raison, l'avons signé de notre main, & y avons fait apposer le sceau de nos armes. En notre hôtel, à Paris, le 8 Mai 1767. *Signé* LE TELLIER DE COURTENVAUX. *Et plus bas*, par Monseigneur. *Signé* CORDEIL.

N. B. Le Privilége se trouve à la fin du second volume des FASTES MILITAIRES.